工商管理学基础

主　编　徐志坚　曹　敏
副主编　雷秋盈　高　强　严　斯　柏　婧

东南大学出版社
SOUTHEAST UNIVERSITY PRESS
·南京·

图书在版编目(CIP)数据

工商管理学基础 / 徐志坚,曹敏主编. —南京:东南大学出版社,2024.1(2025.4 重印)

ISBN 978-7-5766-1221-9

Ⅰ.①工…　Ⅱ.①徐…②曹…　Ⅲ.①工商行政管理　Ⅳ.①F203.9

中国国家版本馆 CIP 数据核字(2024)第 005220 号

责任编辑:张慧(1036251791@qq.com)　　责任校对:子雪莲
封面设计:王玥　　责任印制:周荣虎

工商管理学基础
Gongshang Guanlixue Jichu

主　　编	徐志坚　曹　敏
出版发行	东南大学出版社
社　　址	南京四牌楼 2 号　邮编:210096
网　　址	http://www.seupress.com
出 版 人	白云飞
经　　销	全国各地新华书店
印　　刷	广东虎彩云印刷有限公司
开　　本	700 mm×1000 mm　1/16
印　　张	11.75
字　　数	211 千字
版　　次	2024 年 1 月第 1 版
印　　次	2025 年 4 月第 2 次印刷
书　　号	ISBN 978-7-5766-1221-9
定　　价	36.00 元

本社图书若有印装质量问题,请直接与营销部联系。电话(传真):025-83791830。

前　言

随着信息时代、互联网时代以及人工智能时代的到来，工商管理作为研究企业与其他社会组织管理活动一般规律的科学，朝着多学科交叉、融合的方向快速迈进。不仅学工商管理的人要懂一点技术，学技术的人也要懂一点管理，甚至可以说，在当今社会中，没有学过工商管理的人，都应该了解一点工商管理知识。正因为如此，我们尝试在大学本科教育体系中，嵌入工商管理教育的内容。面向工科、医科、文科或其他非管理类本科生，开设若干门工商管理类课程。同时，鼓励各本科专业结合自身专业的特点，选择需要的、互补的以及有益于培养学生实干精神与能力的管理类课程，加入其专业培养体系之中。

《工商管理学基础》作为庞大的工商管理知识体系中基础的基础，普遍适合于各专业学生学习管理知识时使用。在实践中，也广泛地被各专业老师或相关负责人所选用。

所以，本书的编写，力求让学生在完成本专业学习，掌握本专业理论知识、专业技术能力的同时，能够了解企业运营的基本模式，熟悉企业管理的基本规律。通过工商管理课程的教学，培养具有复合型知识结构，了解企业运营规律，适应能力强、实干精神强、主动意识强的技术应用型人才。使学生在掌握知识的同时，培养企业家精神，培育遨游市场的能力。

在本书中，编者希望能够体现以下几个特点：

（1）语言精练，通俗易懂。根据培养目标，本教材将工商管理基础课程内容凝练为导论、决策、计划、组织、控制与协调和创新六个章节，结合具体案例对知识点进行讲解，内容深入浅出，易于学生理解。

（2）案例丰富，侧重实务。本教材强调知识的应用性和实践性，在阐述工商管理基本理论和基本方法的同时，嵌入大量案例，具体展现工商管理工作相关的经验和规律，提升同学们对于工商管理知识的认知水平和工作能力的培养水平。

（3）重点明确，关键突出。本教材每章都为学生提炼出章节的知识要点，理出知识的层次与联系,使学生在学习过程中能够掌握更多的核心知识和技能,为实际应用打下坚实的基础。

(4)学练结合,以练促学。本教材结合每章具体知识内容设计配套练习题,目的在于通过习题训练巩固知识点,提高学生的应用能力,进一步提升课堂效率。

本书是编者根据多年的教学体会,结合应用型人才培养目标,经过多次修订而成。在编写的过程中,参考了国内外大量相关的教材、论著和各类网络书刊资料,有些资料可能还有遗漏,在此向作者致以衷心的感谢。欢迎各位读者在使用过程中对本书提出修改意见和建议。

徐志坚

2024.1

目录

Contents

第一章 导论 ………………………………………………………………… 1
 学习重点 …………………………………………………………………… 1
 第一节 管理的内涵与职能 ……………………………………………… 1
  导入案例 1.1 …………………………………………………………… 1
  知识点一：管理的内涵 ………………………………………………… 1
  知识点二：管理的职能 ………………………………………………… 3
 第二节 管理者的角色 …………………………………………………… 6
  导入案例 1.2 …………………………………………………………… 6
  知识点一：管理者及其类型 …………………………………………… 6
  知识点二：管理者的角色 ……………………………………………… 8
 第三节 管理者必备的素质与技能 ……………………………………… 11
  导入案例 1.3 …………………………………………………………… 11
  知识点一：管理者必备的素质 ………………………………………… 12
  知识点二：管理者必备的技能 ………………………………………… 14
 第四节 学习管理学的重要性 …………………………………………… 15
 小结 ………………………………………………………………………… 16
 练习题 ……………………………………………………………………… 17

第二章 决策 ………………………………………………………………… 21
 学习重点 …………………………………………………………………… 21
 第一节 掌握 SWOT 分析法 ……………………………………………… 21
  导入案例 2.1 …………………………………………………………… 21
  知识点一：组织外部环境分析 ………………………………………… 22

知识点二：组织内部条件分析 …………………………………………… 25
　　　知识点三：企业内外部环境的综合分析法——SWOT 分析法 ……… 28
　第二节　了解市场调查与预测 …………………………………………………… 30
　　　导入案例 2.2 ……………………………………………………………… 30
　　　知识点一：市场调查 ……………………………………………………… 30
　　　知识点二：市场预测 ……………………………………………………… 34
　第三节　理解决策的内涵与基本程序 …………………………………………… 35
　　　导入案例 2.3 ……………………………………………………………… 35
　　　知识点一：决策的概念 …………………………………………………… 36
　　　知识点二：决策的类型 …………………………………………………… 39
　　　知识点三：决策的基本程序 ……………………………………………… 41
　　　知识点四：定性决策方法 ………………………………………………… 43
　　　知识点五：定量决策方法 ………………………………………………… 46
　小结 ……………………………………………………………………………… 52
　练习题 …………………………………………………………………………… 53

第三章　计划 …………………………………………………………………………… 56
　学习重点 ………………………………………………………………………… 56
　第一节　理解计划工作的内涵 …………………………………………………… 56
　　　导入案例 3.1 ……………………………………………………………… 56
　　　知识点一：计划的概念和内容 …………………………………………… 57
　　　知识点二：计划的特点 …………………………………………………… 58
　　　知识点三：为什么要制订计划 …………………………………………… 61
　　　知识点四：计划的类型 …………………………………………………… 62
　第二节　掌握计划工作的程序 …………………………………………………… 69
　　　导入案例 3.2 ……………………………………………………………… 69
　　　知识点一：计划工作的程序 ……………………………………………… 70
　　　知识点二：计划的编制方法 ……………………………………………… 72
　第三节　掌握目标管理的内涵与基本步骤 ……………………………………… 76
　　　导入案例 3.3 ……………………………………………………………… 76
　　　知识点一：目标的作用 …………………………………………………… 77

知识点二：目标管理的基本思想 ………………………………………… 78
　　　知识点三：目标管理的基本步骤 ………………………………………… 79
　小结 …………………………………………………………………………… 81
　练习题 ………………………………………………………………………… 81

第四章　组织 ……………………………………………………………… 84
　学习重点 ……………………………………………………………………… 84
　第一节　掌握组织工作的内涵与工作程序 ………………………………… 84
　　导入案例 4.1 ……………………………………………………………… 84
　　　知识点一：组织的定义和基本内容 …………………………………… 86
　　　知识点二：组织工作的基本程序 ……………………………………… 86
　第二节　理解组织结构设计的任务与基本原则 …………………………… 88
　　导入案例 4.2 ……………………………………………………………… 88
　　　知识点一：组织结构的含义和内容 …………………………………… 89
　　　知识点二：组织结构设计的任务 ……………………………………… 90
　　　知识点三：组织结构设计的基本原则 ………………………………… 91
　　　知识点四：集权与分权 ………………………………………………… 94
　　　知识点五：分权与授权 ………………………………………………… 96
　第三节　了解组织结构的基本类型 ………………………………………… 97
　　导入案例 4.3 ……………………………………………………………… 97
　　　知识点一：直线制组织结构 …………………………………………… 97
　　　知识点二：职能制组织结构 …………………………………………… 98
　　　知识点三：直线职能制组织结构 ……………………………………… 99
　　　知识点四：事业部制组织结构 ………………………………………… 101
　　　知识点五：矩阵制组织结构 …………………………………………… 102
　第四节　认识非正式组织 …………………………………………………… 104
　　导入案例 4.4 ……………………………………………………………… 104
　　　知识点一：非正式组织的基本特征 …………………………………… 105
　　　知识点二：非正式组织与正式组织的关系 …………………………… 105
　　　知识点三：非正式组织的作用 ………………………………………… 106
　　　知识点四：正确对待非正式组织 ……………………………………… 108

3

小结 ……………………………………………………………………… 109
　　练习题 …………………………………………………………………… 110

第五章　控制与协调 …………………………………………………………… 113
　　学习重点 ………………………………………………………………… 113
　　第一节　理解控制的内涵与基本过程 ………………………………… 113
　　　　导入案例5.1 ……………………………………………………… 113
　　　　知识点一：控制的含义及重要性 ………………………………… 114
　　　　知识点二：控制的基本类型 ……………………………………… 117
　　　　知识点三：控制的原则 …………………………………………… 119
　　　　知识点四：控制的基本过程 ……………………………………… 120
　　第二节　了解控制的重点对象和方法 ………………………………… 122
　　　　导入案例5.2 ……………………………………………………… 122
　　　　知识点一：控制的重点对象 ……………………………………… 123
　　　　知识点二：常见的控制技术与方法 ……………………………… 124
　　第三节　协调的作用与基本原则 ……………………………………… 129
　　　　导入案例5.3 ……………………………………………………… 129
　　　　知识点一：协调的内容与原则 …………………………………… 131
　　　　知识点二：协调的形式与方法 …………………………………… 132
　　　　知识点三：协调的基础——沟通 ………………………………… 135
　　小结 ……………………………………………………………………… 137
　　练习题 …………………………………………………………………… 138

第六章　创新 …………………………………………………………………… 142
　　学习重点 ………………………………………………………………… 142
　　第一节　创新概述 ……………………………………………………… 142
　　　　导入案例6.1 ……………………………………………………… 142
　　　　知识点一：创新的定义 …………………………………………… 143
　　　　知识点二：维持与创新的关系 …………………………………… 144
　　　　知识点三：创新的特征 …………………………………………… 145
　　　　知识点四：创新的过程 …………………………………………… 146

知识点五：创新的策略 ·············· 149
第二节　创新的基本内容 ················ 150
　　导入案例 6.2 ······················ 150
　　知识点一：技术创新 ················ 150
　　知识点二：组织创新 ················ 156
　　知识点三：制度创新 ················ 159
第三节　创新活动的组织引导和风险管理 ·· 162
　　导入案例 6.3 ······················ 162
　　知识点一：创新活动的组织引导 ······ 164
　　知识点二：创新活动的风险管理 ······ 166
小结 ···································· 167
练习题 ·································· 168

参考文献 ······························ 176

第一章

导　论

> **学习重点**
> 1. 管理的定义
> 2. 管理的职能和管理者的角色
> 3. 管理技能

第一节　管理的内涵与职能

导入案例 1.1

一天动物园管理员发现袋鼠从笼子里跑出来了,于是开会讨论,一致认为是笼子的高度过低。所以他们决定将笼子的高度由原来的 1 米加高到 20 米。结果第二天他们发现袋鼠还是跑到外面来了,所以他们又决定再将高度加高到 30 米。没想到隔天居然又看到袋鼠全跑到外面了,于是管理员们大为紧张,决定一不做二不休,将笼子的高度加高到 100 米。一天长颈鹿和几只袋鼠在闲聊。"你们看,这些人会不会再继续加高你们的笼子?"长颈鹿问。"很难说。"袋鼠说,"如果他们再继续忘记关门的话!"

问题：管理是什么？管理到底做什么？

知识点一：管理的内涵[①]

一、组织活动

在学习管理的定义前,我们首先学习组织活动。

当人们组成一个组织之后,组织中的活动基本上可以分为两类,即作业活动

---

① 杨跃之.管理学原理.2 版.北京：人民邮电出版社,2016.

与管理活动。

作业活动是直接服务于组织目标的业务活动,如工厂车间里的生产活动、学校的教学活动、医院的诊治活动等。组织是通过作业活动来完成组织目标的,然而,并非所有的作业活动都能围绕组织的目标来进行,如果作业活动与组织目标的要求相差太大,组织的目标就无法实现,组织就将不复存在。

因此,为了保证作业活动有序地朝向组织目标进行,还需要进行专门的保证组织目标实现的活动,这就是管理活动。

二、管理的定义及其分析

何为管理?目前,对于管理尚未有统一的定义,长期以来,许多中外学者从不同的角度出发,对管理作出了不同的解释。

我们综合了国内外学者的观点,对管理给出了一个比较通俗的定义:管理就是管理者在特定的环境下,为了有效地实现一定的目标,对其所能支配的各种资源进行决策、计划、组织、控制和创新等一系列活动的过程。简单地讲,管理就是决策、计划、组织、控制、创新等一系列活动的过程。

管理活动的分析,主要有以下四个方面:

(1) 管理的对象(或客体)是什么?管理的对象是完成活动所必需的各种资源,如人、财、物、信息、时间等。其中,人是最重要的资源,也是管理的主要对象,所有的资源与活动都是以人为中心的。管理,最重要的是对人的管理。

(2) 管理的目的是什么?管理的目的是有效地实现组织的目标。所有的管理行为,都是为实现目标服务的。世界上不存在无目标的管理,也不可能实现无目标的管理。有效指的是一切活动既要有效率,还要有效果。效率是指输入与输出的关系,涉及的是如何"正确地做事"。管理就是要使资源成本最小化。然而,仅仅有效率是不够的,管理还必须使这些活动实现组织预定的目标,即追求活动的效果。效果意味着"做正确的事"。在管理活动中,效果与效率都很重要。

(3) 管理的主体是什么?管理的主体是组织的管理者。配置资源、组织活动、推动整个系统运行、促进目标实现等所有这些管理行为都要靠管理者去实施。组织的管理者是整个组织的驾驭者,是发挥管理系统功能、实现组织目标最核心的因素。

(4) 管理方法是什么?管理是在特定的环境下进行的。管理环境是指组织在实施管理过程中的各种内外部条件和因素的总和。管理行为依一定的环境而存在，并受到管理环境的影响。管理环境变了，就意味着管理的对象变了，因此，管理的方法也应该随之改变。

在本书对管理的定义中，决策、计划、组织、控制/协调和创新是核心，因为实现组织目标的手段是决策、计划、组织、控制/协调和创新。也就是说，要实现管理目标，就必须完成决策、计划、组织、控制/协调和创新等管理行为与过程。因此，决策、计划、组织、控制/协调和创新是所有管理者在管理实践中都要履行的管理职能。

三、管理的应用

现代社会，管理的应用范围很广泛。

管理伴随着人类社会活动的产生而产生，又伴随着人类社会活动的发展而发展。

原始人在狩猎时，往往是一群人一起来捕杀一头猎物。这是由于他们认识到单个人没有这种能力，只有许多人一起捕猎，才能既保护自己，又能捕杀到猎物。在这种情况下，需要配合行动，一些人举火把，一些人抛掷石块，还有一些人拿着木棒追赶……组织这种相互配合的活动，实际上就是管理，尽管当时他们还没有创造出"管理"这个词。

在公元前26世纪左右，古埃及人建造了世界奇迹——大金字塔。据资料显示，大金字塔共耗用平均重量约2.5吨的大石料230多万块，动用了10万人力，费时30年才得以建成。完成这样巨大的工程是非常艰难的，其中包含了大量的组织管理工作，例如，组织人力进行计划与设计，在没有先进工具的情况下组织搬运，进行人力的合理分工等。

不难发现，自从有了人类就有了管理。因为人是社会性动物，人们所从事的生产和社会活动都是集体进行的，要组织和协调集体活动就需要管理。任何集体活动都需要管理。在没有管理活动进行协调时，集体中每个成员的行动方向并不一定一致，甚至有可能相互抵触。即使行动目标一致，没有整体的配合，也达不到总体目标。大到一个国家的治理、国民经济的发展、国家大政方针的制定，中到一个城市的规划建设，小到一家企业的兴办运营、一个项目的施工，甚至一个家庭的生活安排，都离不开管理活动。

知识点二：管理的职能[①]

管理的职能就是管理者为了实现目标、实施有效的管理，都要履行决策、计

---

① 杨跃之.管理学原理.2版.北京：人民邮电出版社，2016.

划、组织、控制、创新的职能。

一、决策

组织发展的过程中面临着各种选择，决策的职能就在于做出选择。决策通常是由问题引发的，识别问题是决策的起点，解决问题是决策的目的。从不同的角度可以对决策进行不同的划分，不同的决策类型有不同的决策功能与任务。

从组织层面看，决策能够为组织确立明确的方向；从个体层面看，决策可以激发组织成员的积极性；从外部环境看，决策的任务是让组织灵活适应外部环境的变化；从内部视角看，决策的任务还包括内部管理体系的调整与优化。

二、计划

计划是管理的重要职能，是"组织制定目标并确定为达成这些目标所必需的活动"，即组织的管理者为实现组织目标对工作所进行的筹划活动。计划是组织为未来的活动制定目标，并为实现这一目标预先策划为什么做、做什么以及如何去做的一个工作过程。

计划职能一般包括三个方面的内容，即预测、制定目标和决策。

任何管理都有计划职能，而且，要想将工作做好，无论大事小事都不可能缺少事先的计划。

三、组织

制订出切实可行的计划后，就需要组织必要的人力和资源去执行既定的计划，也就是要进行组织。组织的职能是"确定所要完成的任务、由谁来完成任务以及如何协调这些任务的过程"，是为了有效地实现计划所确定的目标而在组织中进行部门划分、权力分配和工作协调的过程，也就是明确为了实现目标和计划需要完成哪些任务，为了完成这些任务需要设置哪些部门、哪些岗位，每个部门和岗位的职责、职权分别是什么，不同的部门、不同的岗位之间有什么关系。

组织职能一般包括设计与建立组织结构、合理分配职权与职责、选拔与配置人员、推进组织的协调与变革等。

合理、高效的组织结构是实施管理、实现目标的组织保证。因此，不同层次、不同类型的管理者总是或多或少地承担着不同的组织职能。

四、控制

在实现目标和计划的过程中,总会出现意想不到的情况,使得实践活动偏离原来的计划或目标。这是因为制定目标时很难考虑得十全十美,而且环境的变化有时无法预测,或者在执行时总会出现这样那样的变化。为了保证工作按照既定的计划进行,保证既定目标得以实现,就必须对实际工作进行监控、比较和纠正,使工作与目标保持一致,这就是控制。也就是说,控制职能就是管理者为保证实际工作与目标一致而进行的活动。

控制职能一般包括制定控制标准、衡量工作成效、采取有效的措施纠正偏差等一系列工作过程。工作失去控制就会偏离目标,没有控制就很难保证目标的实现,因此,控制是管理必不可少的职能。

五、创新

创新就是指产生新思想或新行为的活动,其目的在于提升组织能力,提高组织效率,实现组织的新目标。创新是人类理性活动的一部分,这种活动既可以被认知,也能够被实践。

从创新的程度来分,创新可以分为渐进性创新和破坏性创新;从创新的方式来分,创新可以分为局部创新、整体创新、要素创新和结构创新;从创新的组织化来分,创新可以分为自发的创新和有组织的创新。

六、管理职能之间的关系

管理的几个职能之间是相互联系的,管理正是通过决策、计划、组织、控制和创新这几个基本过程来展开和实施的。为了做好组织的各项工作,管理者首先要根据组织内外部环境条件作出决策,确立组织目标并制订相应的行动计划或方案。明确目标之后,就要组织力量去完成,进行组织工作;在制定目标、形成计划、建立团队、培训和激励员工以后,各种偏差仍有可能出现,为纠正偏差,确保各项工作的顺利进行,管理者还必须对整个活动过程进行控制。在工作完成的过程之中,可能会遇到各种各样的新问题需要探索性解决,因此管理者还必须进行创新。管理就是这样一个不断循环的过程,如图 1.1 所示。

图 1.1　管理的基本过程

第二节 管理者的角色

导入案例 1.2

潘亚皮是大正公司的总经理,公司现正在做一个房地产开发项目,他对某一周的活动是这样安排的:

星期一上午召集公司各部门负责人开会,了解项目上一周的运行情况,然后布置本周工作;星期一下午到建设银行,同行长商谈公司所开发商品房的按揭贷款事宜;星期一晚上视察工地。

星期二上午到市工商局商谈公司所开发市场的招商管理事宜;星期二下午召见项目财务、工程管理人员,了解项目有关财务、工程进度方面的情况,下班后陪女儿游泳;星期二晚上到图书馆看新闻,查阅相关新颁法律规章。

星期三上午出席女儿学校的家长会,然后去看望一位老上级;星期三下午接待市政府某领导来工地视察,并陪同介绍;星期三晚上接待外地来访的大学同学。

星期四上午同工程队负责人交流意见,然后拜访若干招商对象;星期四下午听取售楼部工作汇报,然后接待消防部门检查人员;星期四晚上审查上月度的财务报表和售楼部上报的本市房地产市场调研报告。

星期五上午,市工程质量监督部门来例行检查;星期五下午,到售楼部、工程部走访,然后上医院看病。

问题:组织中什么样的人是管理者?潘亚皮是不是管理者?他在一周活动中是怎样体现管理者身份的?

知识点一:管理者及其类型[①]

一、组织中的成员分类

与组织中作业活动和管理活动相对应,组织中的成员也可以分为两类,即操作者和管理者。

操作者指的是那些直接从事某项工作或任务,不具有监督其他人工作职责的人,即具体的工作人员。如学校讲台上的老师、汽车装配线上的工人、保险公司的

---

① 杨跃之.管理学原理.2 版.北京:人民邮电出版社,2016.

保险推销员、医院的医生等,他们只要做好自己的工作就可以,不需要对别人的工作负责。

管理者是协调和管理其他人的工作,以使组织目标能够实现的人。管理者的工作与个人成就无关,而是关注如何帮助别人完成工作。从宽泛的意义上来说,管理是管理者做的事,主要是有效地协调和管理他人的工作活动,从而使他人的工作既有效率又有效果。管理者,如车间主任、部门经理、公司副总经理等,这些人在组织中有下级,他们的工作拥有一个共同的特征:都是通过别人来实现组织的目标,并使组织的活动得以更有效地完成。

相比较而言,操作者只对自己的工作负责,而管理者还要对下属人员的工作成果负责。

提示与说明:

有些人在组织中的地位很高,但是他们不指挥别人,没有自己的下级,这些人就不能称为管理者(如企业的法律顾问、管理咨询专家等)。有些人在组织中的地位并不高,如车间的工长,但他们却是地地道道的管理者,他们有下级,并且要对其下级的工作成果负责。

二、管理者的类型

在一个组织中,管理者一般划分为基层管理者、中层管理者和高层管理者,如图1.2所示。

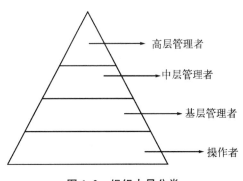

图1.2 组织人员分类

基层管理者直接接触操作者,在工厂里常被称为班组长、车间主任;在学校里,他们的职务有教研室主任、学生科科长等;在餐饮服务行业,他们也被称为领班。中层管理者通常在组织中担任项目经理、地区经理、系主任、部门经理、科室主任等职务。高层管理者的职务通常是总裁、副总裁、首席执行官(CEO)、经理、总监等。

有两点必须注意：

(1) 管理者有时也从事具体的作业活动。例如，医院一个部门的管理者可能也是一名主治医师；学校里的系主任，既要领导其他老师的工作，也要承担一部分教学工作；工厂里的车间主任，既要领导工人工作，也要参与车间的作业活动；企业里的业务经理，既要领导其他业务员的工作，也要承担一部分具体工作。

(2) 任何组织中无论管理者层次高低，都要履行决策、计划、组织、控制这四大职能，但是不同组织、不同管理层次、不同管理类型的管理者，在履行具体管理职能时，存在着很大的不同。例如，高层管理者由于侧重于宏观管理，因此较为关注决策和计划职能，而基层管理者则可能因具体业务的需要，更重视组织和控制职能。即使是同一管理职能，不同层次的管理者关注的重点也不同。例如计划职能，高层管理者更重视长远、指导性的战略计划，而基层管理者通常只关注短期、具体的作业计划。

知识点二：管理者的角色

加拿大管理学家亨利·明茨伯格(Henry Mintzberg)在其被广泛引用的一项研究中提出，管理者在人际关系、信息传递、决策制定三个方面扮演着不同的角色。

一、人际关系角色

人际关系角色，主要包括人与人之间的关系和其他礼仪性或象征性职责。在处理与组织成员和其他利益相关者的关系时，管理者往往扮演人际关系角色。管理者所扮演的三种人际关系角色分别是挂名首脑(代表者)、领导者和联络者。

(一) 挂名首脑

作为所在单位的最高领导，管理者必须行使一些具有礼仪性质的职责，履行法律性、社会性的义务。如作为公司的代表出席社区的聚会或参加各种社会活动、迎接来访者、宴请公司的重要客户、签署文件、主持公司庆典等，在履行这些职责的时候，管理者扮演了挂名首脑或者代表者的角色。

(二) 领导者

由于管理者对组织的成败负重要责任，因此，他们必须在工作小组内扮演领导者角色。对于这种角色而言,管理者主要是雇佣、培训、激励和惩戒员工。如带头参加集体活动为员工树立榜样、对下属发布命令、作出人事决定等。

(三) 联络者

管理者无论是在与组织内的成员一起工作时,还是在与外部利益相关者建立良好关系时,都扮演着联络者的角色。如协调不同部门管理者的工作、与其他组织建立同盟。管理者必须对重要的组织问题有敏锐的洞察力,从而能够在组织内外建立关系和网络。

二、信息传递角色

信息传递角色,包括信息收集、接收和传递。在信息传递角色中,管理者既是组织的信息传递中心,也是组织内其他部门的信息传递渠道,管理者要确保和其一起工作的人员得到足够的信息,从而能够顺利完成工作。组织的管理者所扮演的信息传递角色包括三种,即监听者、传播者、发言人。

(一) 监听者

管理者必须扮演的一种信息传递角色是监听者,也就是寻求和获取特定的信息,了解组织和环境的变化,如阅读报刊、与他人谈话、通过考察获取信息等。根据这些信息,管理者可以识别组织的潜在机会和威胁,从而作出正确的决策。

(二) 传播者

传播就是管理者把自己作为信息监听者所获取的各种信息传递出去:把外部的信息传递给组织,在组织成员之间传递组织内部的信息,如举行碰头会、用各种方式传递信息。作为传播者,管理者把重要信息传递给组织成员,有时也会隐藏特定的信息,更重要的是管理者必须确保员工能够获取必要的信息,以便切实有效地完成工作。

(三) 发言人

管理者所扮演的最后一种信息传递角色是发言人。管理者必须把信息传递给组织以外的人,也就是向外界发布本组织需要公开的信息。如通过工作报告向董事和股东说明组织的财务状况和战略方向;通过新闻发布会、演讲向消费者说明组织履行了哪些社会义务、做了哪些具体工作,以使得政府和消费者对组织遵守法律、履行社会义务的做法感到满意等。

三、决策制定者角色

管理者还扮演着组织内决策制定者的角色,对组织内的各种事项作出决策。

这一类角色与管理者所从事的战略规划、资源分配等工作密切相关。在扮演决策制定者角色时,管理者处理信息并得出结论。如果信息不用于组织的决策,这种信息就失去了其应有的价值。管理者负责作出组织决策,使组织成员按照既定的计划进行活动,并分配资源以保证组织计划的实施。管理者扮演着四种决策制定者角色,即企业家、危机管理者、资源分配者、谈判者。

(一) 企业家

管理者所扮演的第一种决策制定者角色是企业家。在前述的监听者角色中,管理者需要密切关注组织内外环境的变化和组织的发展,以便发现机会。作为企业家,管理者应充分利用发现的机会,如开发新产品、提供新服务或发明新工艺等。作为企业家,管理者还需不断提出新思路、新方法来改进组织绩效,如制定战略、检查决议执行情况等。

(二) 危机管理者

管理者所扮演的第二种决策制定者角色是危机管理者。一个组织不管被管理得多好,它在运行的过程中也会遇到危机、冲突或问题。管理者必须善于处理危机、冲突并解决出现的各种问题,如平息客户的怒气、调解员工之间的矛盾、处理突发事件等。

(三) 资源分配者

作为资源分配者,管理者决定把组织的资源用于哪些项目。尽管我们一想到资源就会想到财力资源或设备,但其他类型的资源(如人、信息、时间、权力等)也需要分配给项目。例如,当管理者选择把时间花在这个项目而不是那个项目上时,他(或她)实际上是在分配一种资源。除时间以外,信息也是一种重要的资源,管理者是否在信息获取上为他人提供便利,对项目的成败有重要的影响。

(四) 谈判者

管理者所扮演的最后一种决策制定者角色是谈判者。对所有层次管理工作的研究表明,管理者大量的时间都花费在谈判上了。管理者的谈判对象包括员工、供应商、客户和其他工作小组。无论是哪一类谈判对象,管理者都需要与其进行必要的谈判,以确保组织目标的实现。如与上级讨价还价、与下级谈工作条件和目标、与供应商谈价格、与合作伙伴谈合作条件和收益分配等。

第三节 管理者必备的素质与技能

导入案例1.3

×公司是一家生产工程机械的公司,其主要产品是建筑机械,由于产品性能优越,价格合理,占领了国内机械市场85%的份额。为了获得更多利润,公司决定拓展海外市场。总经理委派一名年富力强的副总经理组成国际部,负责开拓海外市场。由于是第一次尝试开拓海外业务,总经理很谨慎,要求副总经理凡事都与他商量之后再作决定。几个月之后,总经理筋疲力尽,他发觉自己70%的时间和精力都耗在了国际部的工作上,而国际部的工作进展依然很慢,国内的各职能部门的主管也抱怨总经理对国内市场关注不够。

经过权衡,总经理决定让筹建国际部的那位副总经理独立去干,遇到重大决策时再向他请示,这样他便可以腾出时间和精力抓好国内市场的工作。

一年过去了,公司的海外业务迅猛发展,并在45个国家和地区设立了分公司,分公司由国际部下面的三个地区分部管理。其管理机构设置如下:本土的国际部共有280人,下辖三个地区分部,欧洲分部有180人,美洲分部有200人,亚洲分部有50人,各分部负责对所属地区的分公司进行控制和协调。

不久,国际经营环境发生了变化,表现为竞争更为激烈,企业的利润降低。此时,×公司的海外竞争对手一边大力开发新产品,一边大幅度精简人员。而×公司在这两方面的行动都落后于竞争对手,结果导致海外业务的盈利水平大幅度下滑。总公司于是下决心对国际业务的管理机构进行调整。

调查访问中,有人认为,在分公司和总公司之间有两个管理层,人员多达510名,且由于控制过死,信息传达不通畅。有人认为,国际部与几个地区分部的职能多有重叠。当然,还有其他人提出了许多其他看法。调查小组在调查访问的基础上,提出了几个改进方案,最后公司召开董事会进行决策。决策的结果是将三个分部改为两个分部,分别针对发展中国家和发达国家,以便满足不同层次顾客的要求,更好地组织新产品的开发。同时,分部也转变了职能,不再以控制为主,分部只配备了制造、财务、研发、人力资源等方面人员。通过部门改组,人员大减,这也使得国际业务管理费用大为降低。国际部实施改组方案后,很快扭转了经营局面。

问题：副总经理职务的变化对其管理技能的要求发生了怎样的变化？国际部主管这一职务对他哪些方面的能力提出了更高的要求？

这个案例说明，不是所有的管理者都能成为一名合格的管理者，管理者在扮演管理角色、履行管理职能的过程中，应具备相应的素质和技能。

知识点一：管理者必备的素质

一、管理者的素质[①]

管理者的素质是指管理者的与管理相关的内在基本属性与质量。管理者的素质是形成管理水平与能力的基础，是做好管理工作、取得管理功效极为重要的条件。

管理者的素质主要表现在以下几个方面：

（一）政治与文化素质

政治与文化素质是指管理者的政治思想修养水平和文化基础，包括政治坚定性、思想境界与品德情操，正确的世界观、人生观和价值观，现代化的管理思想，敏感性，事业心、责任感，人文修养与广博的文化知识等。

（二）基本业务素质

基本业务素质是指管理者所从事工作领域内的知识与技能，包括一般业务素质和专门业务素质。

（三）身心素质

身心素质是指管理者本人的身体条件和心理状况，包括健康的身体，充沛的精力和坚强的意志力，开朗、乐观、豁达的性格，广泛且健康的兴趣爱好。

二、有效管理应具备的素质

管理者的管理水平直接关系到一个企业的竞争力和发展、前途，而管理者的管理水平又取决于管理者的素质。

（一）正确设定目标

有了目标后才能确定每个人的工作，为员工行为提供导向。目标设定要符合公司的发展方向，呼应公司的战略，维护公司的利益，所设定的目标要具有一定的

---

① 杨跃之.管理学原理.2 版.北京：人民邮电出版社，2016.

难度,同时又在能达成的范围之内,否则员工会消极懈怠。

管理者还要具备分解目标的意识,将大目标分解成小目标,分解成阶段目标,要能够对员工起到激励作用,制定目标时要明确目标的截止时间。

(二) 善于沟通

首先,管理者应认识到沟通的重要性,具有沟通意识。信息是决策的依据,信息的数量和质量直接影响决策水平,沟通在管理活动中是极为重要的。其次,管理者应具备建立组织沟通渠道的能力,并能发挥积极主动作用。[①]

(三) 学会授权

一个人的精力是有限的,管理者要学会授权,这样不仅能够保证自己把精力用到更加重要的地方,也能使工作更高质量、高效率地进行。

进行授权时注意权力尽量不要重叠,这样能够增强员工的责任感,出现问题也不会互相推诿。要使其他员工知道授权已经发生,这样可以减少各方面解释、沟通的时间成本。

(四) 知人善任

管理者要了解员工的长处和短处,安排工作时扬长避短。一个团队并不是人越多越好,如果机构庞大,执行能力容易变弱,效率变低。团队中也不一定要人人都是优秀的人才,否则一些重复性高、细微的工作就不会有人愿意接受,所以管理者要知人善任,使员工能够相互配合,形成一个具有凝聚力的团队。同时,管理者也要懂得适时激励。

(五) 善于认识与管理自我

管理者应认识到成功的局限性,并对自我加以适当的管理,这是组织进一步成功的必要条件。也就是说,管理者的自我认识,不仅要认识自己的优点,还要认识自己的缺点与不足,这样才能与组织成员之间互相取长补短。和谐的组织氛围还需要管理、控制自己的心情、情绪、欲望,能够换位思考、体谅别人,只有这样,才能使组织成员团结一致,共谋发展。

(六) 创新素质

社会日新月异,市场竞争日趋激烈,组织的发展壮大需要管理者不断地为其注入新的生命之源。要进行有效而成功的管理,管理者必须具备创新素质。可以说,创新是现代管理者素质的核心,包括创新意识、创新精神、创新思维和创新能力。

[①] 杨跃之.管理学原理.2版.北京:人民邮电出版社,2016.

知识点二：管理者必备的技能

管理者的技能是指管理者的管理技巧和能力。美国学者罗伯特·卡茨（Robert Katz）的研究指出，无论是哪个层次的管理者，都应具备三项基本技能，即技术技能、人际技能和概念技能。

一、技术技能

技术技能是指管理者运用某一专业领域中具体的知识、技术和方法的能力。管理者掌握并运用管理领域相关的专业技能，有助于管理工作的顺利开展。

如监督会计的管理者必须懂会计，一个不懂财务会计的财务主管可能连下属做假账都不知道。管理者不一定成为某个专业领域的专家，但必须具备足够的专业知识和技能以便有效指导员工、组织任务。因此，管理者必须掌握相关领域最主要、最基本的知识。我们学习专业课，就是在掌握技术技能，既有助于找到合适的工作，又有助于成为管理者。

二、人际技能

人际技能是指管理者处理有关人际关系的能力，具体表现为联络、处理、协调组织内外的人际关系，激励他人并与他人合作共事，激发他人工作的积极性与创造性，善于团结他人、增强凝聚力。

人际技能是一个管理者最重要的技能之一。确保组织中的人员都能够服从命令指挥，是一门领导艺术。"世事洞明皆学问，人情练达皆文章。"作为管理者，不仅要领导下属，还要和上级、同级、组织内同事及组织外部的各种人员合作共事，离不开与周围人群的良好关系。现代管理强调以人为本，与不同层级的人员进行有效沟通、交换信息的人际技能尤为重要。

三、概念技能

概念技能是指纵观全局、系统分析和解决问题的能力，即对复杂环境和管理问题进行抽象和概念化的能力，包括：观察、分析复杂情况的能力；处理、决断战略问题、重大问题的能力；应变突发情况的能力。观察力和思维力是其核心。

具备较高概念技能的管理者能够快速地从纷繁复杂的动态局势中抓住问题的关键和实质，并能果断地采取措施解决问题。具备概念技能的管理者往往把组织视为一个整体，并且了解组织内部各部门的相互协调关系，了解组织之间、个人和组织之间、个人之间,以及他们与环境之间的互动关系,了解组织中各种行为的后果,以及正确行使管理职能。

四、管理层次与管理技能的关系

各个层次的管理者,都需要在一定程度上具备技术技能、人际技能和概念技能。不同层次的管理者所处的具体层次、职位不同,这些技能的相对重要性也不同。技术技能的重要性依据管理者所处的组织层次从低到高逐渐下降,而概念技能则相反,如图1.3所示。

图1.3 各层次的管理者所需要的管理技能

技术技能对于基层管理者最为重要,基层管理者必须具备一定的专业知识和技术技能,才能对所管理的业务范围内的各项工作进行指导、监督。概念技能对于高层管理者尤为重要,作为整个组织的"舵手",他们的主要职能是制定组织的发展战略,更多地考虑组织与外部环境之间的关系,站在比较高的高度看待问题,宏观上把握整个组织的协调运行,这些都要求高层管理者必须具备很强的概念技能。同时,任何层次的管理者,都需要与人打交道,获得别人的支持,调动别人的积极性来完成组织目标,因此,对人际技能的掌握都是一样重要的。当然,管理技能和管理者层次之间的联系并不是绝对的,组织规模大小等因素对此也会产生一定的影响。

第四节 学习管理学的重要性

管理学是一门系统地研究管理过程的普遍规律、基本原理和一般方法的科学。它所提出的管理基本原则、基本思想是各类管理学科的概括和总结,它是整个管理学科体系的基石,是人类近代史上发展最迅猛,对社会经济发展影响最为重大的学科之一。管理具有如下三个非常重要的属性:

一是管理的普遍属性。管理是人类不可缺少的重要活动,随着未来社会共同劳动的规模日益扩大,劳动分工协作更加精细,社会化大生产日趋复杂,管理日趋重要,任何组织都需要管理。通过学习管理学,我们能在自己接触的组织或自己工作的组织中识别差的管理并矫正管理失误,识别和支持好的管理。

二是管理的现实属性。作为一名大学生,毕业后踏上工作岗位,进入组织,要么成为管理者,要么成为被管理者,在工作中实践管理行为,这一现实表明学习管理学是必要的。虽然未必所有学过管理学的人将来都能成为管理人员,但是不论怎样,学习管理学对今后的工作和生活肯定会有所帮助;没有对管理原理和方法的深刻领会,很难在管理上获得成功,即使不是管理人员,在一个组织中,管理知识也能帮助我们对上司的行为和工作方式有更好的领悟,并对组织的内部工作有更深的了解,从而更加适应组织环境。

三是管理的激励属性。首先,管理者会面临很多挑战:管理可能是困难且吃力不讨好的工作。同时,部分管理者,尤其是组织中层次较低的基层管理者,他们可能常常需要处理很多具体事务而非管理任务,如编写和整理文件,完成例行程序和做文书工作。管理者需要花很多时间开会、处理问题或协调关系,这可能非常消耗时间而且没有收益。其次,管理者需要和各种性格的人打交道,应对资源有限等问题。最后,作为管理者,他们往往无法完全掌控自己的命运。管理者的成功取决于别人的工作绩效。尽管有这些挑战,作为管理者还是会从中获得激励的,比如创造工作环境来帮助组织实现目标,帮助别人找到工作的意义和成就感。作为管理者,我们常常有机会创造性地思考并发挥自己的想象力。我们会遇到很多人并与他们共事——包括组织内外部的人员。其他激励包括获得在组织和社会中的更高地位和认可,对组织绩效产生更大的影响,以薪酬、奖金等方式获得可观的收入。

学习管理学,能为我们成长为称职的管理者打下坚实的基础。正因为如此,许多高校都把"管理学"作为通识教育必修课程,面向全体学生开设。当然如果是经济管理类专业的学生,"管理学"还是一门专业基础课,是学习专业课程的前提和基础。

小 结

1. 管理就是管理者在一定的环境下,通过决策、计划、组织、控制和创新等职能活动的来分配、协调以人为中心的组织资源,以有效地实现组织目标的社会活动过程。

2. 管理职能是管理过程中各项行为的概括,是人们对管理工作应有的一般过程和基本内容所做的理论概括。管理的基本职能有五项,即决策、计划、组织和控制/协调和创新。

3. 管理者是协调和监管其他人的工作,以使组织目标能够实现的人。管理者按管理层次进行划分,可以分为高层管理者、中层管理者和基层管理者。

4. 管理者通过扮演不同的角色来履行管理职能。管理者在人际关系、信息传递、决策制定三个方面扮演着十种角色。其中,人际关系方面的角色包括挂名首脑、领导者、联络者;信息传递方面的角色包括监听者、传播者、发言人;决策制定方面的角色包括企业家、危机处理者、资源分配者、谈判者。

5. 管理者要履行好管理职能,在具备一定的素质的同时,还应具备三种基本技能,即技术技能、人际技能、概念技能。对基层管理者来说,技术技能最重要;对高层管理者来说,概念技能最重要;对中层管理者来说,三种技能要求比较平均;人际技能对所有层次的管理者同等重要。

练 习 题

一、单项选择题

1. 通常认为,管理的首要职能是(   )。
   A. 计划　　　　B. 组织　　　　C. 决策　　　　D. 控制
2. 管理者应具备的基本技能中,对各层次的管理者同等重要的是(   )。
   A. 技术技能　　B. 人际技能　　C. 概念技能　　D. 领导技能
3. 管理者应具备的基本技能中,对基层管理者尤为重要的是(   )。
   A. 技术技能　　B. 人际技能　　C. 概念技能　　D. 业务技能
4. 财务部经理审查财务报表的能力属于(   )。
   A. 技术技能　　B. 人际技能　　C. 概念技能　　D. 分析技能
5. 营销经理的营销策划能力属于(   )。
   A. 技术技能　　B. 人际技能　　C. 概念技能　　D. 分析技能
6. 对管理者来说,在工作中运用具体的专业知识、工具或技巧的能力是(   )。
   A. 技术技能　　B. 人际技能　　C. 概念技能　　D. 分析技能

7. 对管理者来说,成功地与别人进行沟通与合作的能力是(　　)。
   A. 技术技能　　　B. 人际技能　　　C. 概念技能　　　D. 分析技能
8. 对管理者来说,对事物进行全局分析、判断、洞察、概括的能力是(　　)。
   A. 技术技能　　　B. 人际技能　　　C. 概念技能　　　D. 决策技能
9. 员工因公出差,必须先由直接主管签字,再由财务主管签字后方能到财务室报账,这属于管理的哪一项职能?(　　)
   A. 计划　　　　　B. 组织　　　　　C. 控制　　　　　D. 决策
10. "凡事预则立,不预则废"反映了管理的哪一项职能?(　　)
    A. 计划　　　　　B. 决策　　　　　C. 组织　　　　　D. 控制
11. 管理者素质的核心是(　　)。
    A. 沟通能力　　　B. 管理能力　　　C. 创新能力　　　D. 控制能力

二、多项选择题

1. 以下属于管理对象的有(　　)。
   A. 人　　　　　　B. 财　　　　　　C. 信息　　　　　D. 时间
2. 管理者应具备的三种基本技能,指的是(　　)。
   A. 技术技能　　　B. 人际技能　　　C. 概念技能　　　D. 领导技能
3. 以下对管理描述正确的有(　　)。
   A. 管理的目的是管好人　　　　　　B. 管理的目的是实现组织的目标
   C. 管理的对象主要是人　　　　　　D. 管理的对象不仅仅是人
4. 相对于高层管理者,四大职能中,基层管理者较为关注的是(　　)。
   A. 计划　　　　　B. 组织　　　　　C. 控制　　　　　D. 决策
5. 李总上午的时间安排如下:早上7:30,进入办公室,开始浏览当天的报纸;8:00参加公司的早操、早歌;8:30召开高层领导碰头会;9:30前往高新区管委会商谈合作项目;12:00谈判结束。李总在这半天时间里主要扮演了(　　)的角色。
   A. 监听者　　　　B. 领导者　　　　C. 传播者　　　　D. 谈判者

三、问答题

1. 什么是管理?如何理解管理的内涵和职能?
2. 一个有效的管理者需要扮演哪些角色?具备哪些技能?
3. 结合自身情况,作为一名大学生,说出你已具备哪些管理者的素质和技能?还存在哪些欠缺?应如何提高?

四、案例题

案例1

埃贡·施内尔是一位曾在某公司工作的聪明年轻的工程师,虽然作为一名工程师他在公司事业上十分成功,也十分喜欢自己的工作——开发电子游戏机,但他还是决定辞职成立自己的公司——VGI公司。他想尽办法,四处借钱,也想出了许多好方法来经营,尽管如此,他还是失败了,而且几乎破产。最后,在一家大型零售企业和他签订了一张金额很大的订单之后,他取得了成功。

但成功之后接着又是失败,失败之后又取得了新的成功。雇员喜欢在施内尔的公司工作,因为这里的气氛轻松,这种轻松的气氛有助于新想法的发展。可是,来自大型的、井井有条的公司的竞争压力日益加剧了。尽管如此,一些绝妙的主意使市场对某些产品的需求量仍然很大,公司生产力跟不上,但是扩大生产需要资本,于是施内尔先生决定公开发行股票,并与某一大公司联营,这一做法使公司增加了几百万美元的资金。施内尔决定继续担任VGI公司的总经理,但他经营公司的兴趣明显降低,观察家们描述此时的公司状况为"一团糟"。

施内尔先生承认自己不是一个好总经理,同意改组公司,由约翰·纽瑟姆先生担任公司的总裁,这位新上任的总裁的首批决定之一是任命一名新的销售经理,以克服以前由技术人员担任此职务造成的弱点。纽瑟姆先生还行使了强有力的管理领导权,制定了许多新程序,规定了明确的目标,设置了严格的财务控制制度。由松散管理到严格管理这一改变,触怒了许多老资格的工程师,他们中的很多人离开了公司,有些甚至成立了自己的软件公司,从而成为VGI公司的直接竞争者。

问题:管理是什么?管理到底做什么?埃贡·施内尔职务的变化对其管理技能的要求发生了怎样的变化?总经理这一职务对埃贡·施内尔哪些方面的能力提出了更高的要求?组织中什么样的人是管理者?埃贡·施内尔和约翰·纽瑟姆是不是管理者?他们从上任开始到现在的行为是怎样体现他们管理者的身份的?

案例2

保罗在1971年从美国中西部的一所名牌大学拿到会计专业的学士学位后,到一家大型的会计师事务所的芝加哥办事处工作,由此开始了他的职业生涯。9

年后,他成为该公司最年轻的合伙人。公司执行委员会发现了他的领导潜能和进取心,遂在1983年指派他到纽约的郊区开办了一个新的办事处,他最主要的工作是审计。这要求有关人员具有高水准的判断力和自我控制力。尽管保罗主要以任务为导向,但他采取了一种民主的领导方式。他主张工作人员间以名字相称,并鼓励下属参与决策制定。对长期的目标和指标,每个人都很了解,但实现这些目标的方法却是相当不明确的。

办事处发展得很迅速。到1988年,专业人员达到了30名。保罗被认为是一位很成功的领导者和管理人员。1989年初保罗被提升为达拉斯的经营合伙人。他采取了使他在纽约工作时取得显著成效的同种富有进取心的管理方式。他马上更换了全部的25名专业人员,并制订了短期和长期的客户开发计划。职员人数增加得相当快,为的是确保有足够数量的员工来处理预期扩增的业务。很快,办事处有了约40名专业人员。

但纽约的成功管理方式并没有在达拉斯取得成效。办事处在一年时间内就丢掉了最好的两个客户。保罗马上认识到办事处的人员过多了,因此决定解雇前一年刚招进来的12名员工,以减少开支。

他相信挫折只是暂时的,因而继续采取原来的策略。在此后的几个月时间里又增雇了6名专业人员,以适应预期增加的工作量。但预期中的新业务并没有到来,所以又重新缩减了员工队伍。在1991年夏天的那个"黑暗的星期二",13名专业人员被解雇了。

伴随着这两次裁员,留下来的员工感到工作没有保障,并开始怀疑保罗的领导能力。公司的执行委员会了解情况后将保罗调到了新泽西的一个办事处,在那里他的领导方式显示出很好的效果。

问题:保罗职务的变化对其管理技能的要求发生了怎样的变化?达拉斯的经营合伙人这一职务对他哪些方面的能力提出了更高的要求?组织中什么样的人是管理者?保罗是不是管理者?他从上任开始到现在的行为是怎样体现他管理者的身份的?

第二章

决　　策

现代管理理论认为,管理的重心是经营,经营的重心是决策,决策的基础是信息,信息的依据是调查。信息就是组织所处的外部环境信息和具备的内部条件信息。因此,组织要进行计划,首先必须在调查的基础上收集、整理外部环境和内部条件信息,进行环境分析与预测,在此基础上确定企业发展的目标,最后通过决策,为实现这一目标确定一个合适的实施方案。

> **学习重点**
>
> 1. SWOT 分析法的内涵与基本程序
> 2. 决策工作的内涵与基本程序
> 3. 德尔菲法与头脑风暴法

第一节　掌握 SWOT 分析法

目标的确立是建立在对外部环境和自身条件准确的分析与预测的基础上的,也就是说,只有通过调查与预测,分析外部环境带来的机遇和威胁以及自身存在的优势和劣势,才能综合分析,为组织确立一个科学合理的目标。因此,企业要想扭转被动局面,其基本思路应该是先分析自身所面临的环境以及内部条件,然后抓住机遇、避开威胁、发挥优势、弥补劣势,采取有针对性的措施。如何做到这些呢? 这就是本节的学习任务。

导入案例 2.1

某炼油厂曾经是我国最大的炼油厂之一,在 20 世纪 90 年代就具备 730 万吨原油的年加工能力,是一家能生产燃料、润滑油、化工原料等 120 多种石油化工产品的综合性炼油厂。该厂有 6 种产品获国家金质奖,6 种产品获国家银质奖,48 种产品获 114 项优质产品证书,1989 年获国家质量管理奖,1995 年 8 月通过了国际 GB/T 19002—ISO9002 质量管理体系认证,成为我国炼油行业首家获此殊荣的企业。

该厂研究开发能力比较强,能以自己的基础油研制生产各种类型的润滑油。当年德国大众的桑塔纳落户上海,它的发动机油需要用大量的外汇进口。1985年,该厂厂属研究所接到任务后,立即进行调研,建立了实验室。在短短的一年时间内,成功地研制出符合德国大众公司标准的油品,拿到了桑塔纳配套用油的许可证,该产品于 1988 年开始投放市场。此后,随着大众公司产品标准的提高,该厂研究所又及时研制出符合新标准的产品,满足了桑塔纳、奥迪的生产厂家和全国特约维修点及市场的用油需求。

但是,该炼油厂作为一个生产型的国有老厂,在传统体制下,产品的生产、销售都由国家统一配置,负责销售的人员只不过是做些记账、统计之类的工作,没有真正做到面向市场。在向社会主义市场经济转变的过程中,该厂作为支柱型产业的大中型企业,主要产品在一定程度上仍受到国家的宏观调控,在产品营销方面难以适应竞争激烈的市场。该厂负责市场销售工作的只有 30 多人,专门负责润滑油销售的人就更少了。

上海市的小包装润滑油市场每年的需求量约 2.5 万吨,其中进口油占 65% 以上,之所以造成这种局面,原因是多方面的。一方面,在产品宣传上,进口油全方位大规模的广告攻势可谓是无孔不入,到处可见有关进口油的灯箱、广告牌、出租车后窗玻璃、代销点柜台和加油站墙壁上的宣传招贴画,还有电台、电视、报纸广告和新闻发布会、有奖促销、赠送等各种形式;而国产油在这方面的表现则是一片空白,难以应对。另一方面,该厂油品过去大都是大桶散装,大批量的油从厂里直接售出,供应大企业大机构,而很少以小包装上市,加上销售点又少,一般用户难以买到经济实惠的国产油,而只能购买昂贵的进口油。

问题:该炼油厂应该如何扭转市场营销方面的被动局面?

知识点一:组织外部环境分析

外部环境是组织生存的土壤,它既为组织经营提供条件,同时也对组织的经营起制约作用。组织只能根据外部能够提供的资源种类、数量和质量来决定生产、经营活动的具体内容和方向。

组织外部环境中各类因素的变化,可能给组织带来两种影响:一种是为组织的生存和发展提供机会;另一种是对组织经营构成威胁。组织要利用机会,避开威胁,就必须认识环境;要认识环境,就必须研究、分析环境。

组织外部环境主要包括宏观环境、中观环境和微观环境三个层次,其基本内容如下。

一、宏观环境

宏观环境是指对组织产生影响的政治、经济、法律、科技、社会、文化等因素的集合。这些因素虽然与组织的经营活动不直接相关,但会通过中观环境和微观环境对组织施加影响。

(1) 政治环境——政党、政府的方针、政策和社会的政治形势。

(2) 法律环境——与组织相关的社会法制系统及运行状态。组织既要受法律的保护,又要接受法律的限制,在法律规定的范围内开展活动。

(3) 经济环境——社会经济发展水平、政府的经济政策、居民消费水平和结构等。社会的经济发展水平、政府的经济政策往往是组织发展的风向标,居民消费水平和结构影响着组织的生产水平和结构。

(4) 科技环境——社会科技水平、科技力量、国家科技体制和政策等。社会科技发展水平制约着组织的技术发展水平。

(5) 社会环境——人口的流动、人口结构和变化趋势、社会阶层结构、人们的生活及工作方式的改变等。社会环境的变化影响着社会对产品与服务的需求变化,因此也必然会影响组织的战略与决策。

(6) 文化环境——社会历史背景、意识形态、宗教信仰、语言、文学艺术和人们的价值观。

二、中观环境

中观环境介于宏观环境与微观环境之间,是与这二者都有密切联系的客观环境,包括组织所在行业的行业环境、组织所在地理位置环境以及与组织经营有关的部门和机构。

(1) 行业环境——行业在整个社会经济结构中所处的地位以及行业自身的特点、行业规模、结构、行业在其生命周期所处的阶段(如图 2.1 所示),都对组织战略决策的制定具有非常重要的意义。例如,如果整个行业都不景气,那处于这个行业的企业就很难有大好前途。

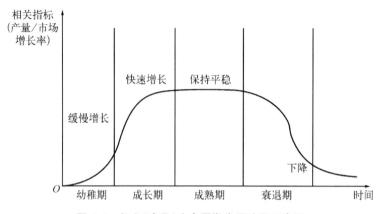

图 2.1　行业(产品)生命周期发展阶段示意图

(2) 地理环境——组织所处的地理位置不同,在政策、自然、资源等方面所面临的环境也有很大的差别。

(3) 与组织经营相关的部门和机构——包括国家政府机关中的指导与协调部门、新闻媒体单位、信息咨询机构、相关社会团体等。它们是微观环境的管理者、监督者、支持者和协调者,通过政策、法令、制度、计划、财政、税收、信贷等经济手段或舆论宣传对企业施加直接和间接的影响。

三、微观环境

微观环境是与组织生产经营活动直接发生关系的客观环境,主要包括直接与市场有关的各种因素,所以又称市场环境。微观环境主要包括顾客、供应者、竞争者和同盟者。

(1) 顾客——组织提供的产品或服务的购买者,包括终端用户和中间商。顾客需求的内容、趋势及特点,顾客的规模结构、消费心理、生活习俗及层次等也影响着企业营销策略的制定,中间商的数量、规模分布以及其销售特定产品的比例等都影响着企业营销策略的制定。同时,顾客需求也需要挖掘和创造。因此,需要积极引导消费,激发消费者产生正当的、新的消费需求,为组织开拓市场。

(2) 供应者——组织维持正常的生产经营活动的各种要素(人、财、物、信息、技术等)的提供方。供应者提供要素的质量、数量、速度和价格在一定程度上制约着组织的经营成本和质量。

(3) 竞争者——与本组织争夺销售市场和资源的对手。从争夺市场角度来看,竞争者就是那些提供相同或功能相似(含替代品)产品的单位;从争夺资源角度来看,竞争者除了上述单位之外,还包括使用相同资源的单位。竞争者的数量、规模、分布、实力等都会对本组织产生影响。一般来说,双方规模、实力相差不大时,容易导致价格战;二者规模相差较大时,竞争往往不体现在产品价格上,而在其他方面体现出来。一般认为,每家企业都要承受来自五个方面的竞争压力,如图2.2所示。

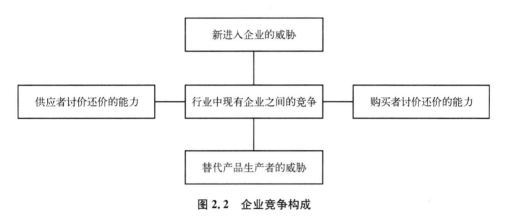

图2.2　企业竞争构成

(4)同盟者——与本组织具有利害共同性或具有优、劣势及利益互补性的组织。一个组织与其同盟者的关系具有可变性及复杂性。同盟者可分为基本同盟者(全面合作)与临时同盟者(某时、某事、某方面的合作),直接同盟者与间接同盟者,现实同盟者与潜在同盟者,长期同盟者与短期同盟者等。今天的同盟者可能成为明天的竞争者,昨天的竞争对手也可能变为明天的同盟者。因此,组织必须慎重分析各种类型的同盟者的状况、发展趋势及特点。

知识点二:组织内部条件分析

进行组织内部条件分析,首先是为了认清组织自身的优势和劣势。组织的优势和长处是什么,优势有多大;劣势是什么,表现在哪些方面;与顾客的要求和对手的实力相比,差距有多大。不弄清楚这些,组织是不可能制订出科学正确的计划的。进行组织内部条件分析,也是为了查清造成劣势的原因。存在劣势和不足是正常的,关键是要找出原因,这样才能有针对性地采取正确措施,避开或弥补不足,挖掘潜力。

组织内部条件分析主要有两个方面的内容:一方面是组织一般情况分析,另一方面是组织经营实力分析。

一、组织一般情况分析

组织一般情况分析通常包括以下几项内容。

(1) 人员素质分析。主要是分析他们的思想道德素质、文化知识素质、专业技术素质、智能素质和身体素质能否与工作岗位的要求相适应。

(2) 管理素质分析。分析组织管理水平是高还是低;各级管理者的管理知识是多还是少,管理技能、管理技术是强还是弱;组织是靠科学管理还是靠经验管理。

(3) 技术素质分析。分析企业设备水平,各种工艺设备、测试仪器和计量仪器水平,技术人员和技术工人的能力是高还是低,机器设备的役龄结构和工艺结构是否合理。

(4) 发展情况分析。分析组织总体发展水平,看其是处于上升时期、稳定时期,还是已进入衰退时期。

(5) 营销情况分析。分析企业产品的市场分布情况、市场份额、产品销售的渠道长短和宽窄情况,产品定价和顾客对价格的接受情况以及销售服务情况和顾客的评价。图2.3所示为产品结构合理构成。

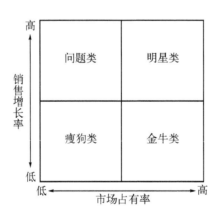

图 2.3 波斯顿矩阵

① 问题类产品或业务:处在高销售增长率、低市场占有率区间内。高销售增长率说明市场机会大,前景好,而低市场占有率则说明在市场营销上存在问题。其财务特点是利润率较低,所需资金不足,负债比率高。

② 明星类产品或业务:这类产品或业务可能成为企业的金牛产品或业务,需要加大投资以支持其迅速发展。应采用的发展战略是:积极扩大经营规模和市场

机会,以长远利益为目标,提高市场占有率,加强竞争地位。

③ 金牛类产品或业务:处在低销售增长率、高市场占有率区间内,已进入成熟期。其财务特点是销售量大、产品利润率高、负债比率低,可以为企业提供资金,而且由于销售增长率低,也无须增大投资。

④ 瘦狗类产品或业务:也称衰退类产品或业务,处在低销售增长率、低市场占有率区间内。其财务特点是利润率低,处于保本或亏损状态,负债比率高,无法为企业带来收益。对这类产品或业务应采用撤退战略:首先应减少批量,逐渐撤退,对那些销售增长率和市场占有率均极低的产品应立即淘汰。

(6) 生产条件分析。分析企业生产过程组织和劳动组织是否适应市场的需要,能力结构与市场需求是否相适应,生产计划、现场管理等水平是高还是低。

(7) 财务、成本和经济效益分析。对生产经营活动所投入的资本(金)和负债资本的运行情况、物资消耗和劳动消耗情况,即对制造成本和期间成本(营销费用、管理费用等)情况以及所带来的销售收入、增加值和盈利情况进行分析。

(8) 组织资源分析。对组织的人、财、物、技术、信息及管理等资源的保证程度进行分析。

(9) 组织结构分析。分析组织的管理组织结构是否合理,是否适应企业战略及环境变化的要求。

二、组织经营实力分析

组织经营实力(即经营能力)分析通常包括以下几项。

(1) 产品竞争能力分析。分析产品的品种、质量、成本、价格、信誉、商标、包装等,看其是否能不断满足顾客的需要,是否能比竞争对手高出一筹。

(2) 技术开发能力分析。分析企业新技术、新产品开发的难易程度,看企业能否"以新取胜"。

(3) 生产能力分析。分析企业能否适时生产出适销对路的产品,能否及时调整自己的生产结构。

(4) 市场营销能力分析。分析企业选择销售渠道的能力和自销能力,看其能否根据市场变化调整营销方案,保证市场占有率。

(5) 产品获利能力分析。分析企业的利润率。

知识点三：企业内外部环境的综合分析法——SWOT 分析法

SWOT 分析法是由旧金山大学的管理学教授海因茨·韦里克于 20 世纪 80 年代初提出来的，S、W、O、T 四个英文字母分别代表优势（strength）、劣势（weakness）、机会（opportunity）、威胁（threat）。组织外部环境的影响可以归结为机会和威胁两种；组织内部条件分析在于明确组织拥有的优势和劣势。

因此，所谓 SWOT 分析法，是指通过对组织内部的优势、劣势和外部环境带来的机会、威胁进行综合分析，据此构思、评价和选择企业战略方案的一种方法。进行 SWOT 分析，通常可按以下步骤进行。

第一步：分析环境因素，获取信息

组织通过调查获取机会与威胁、优势与劣势等信息资料，运用各种调查研究方法，分析出组织所处的各种外部环境和内部所具有的条件。组织的外部环境包括机会和威胁，它们是外部环境对组织的发展有直接影响的有利和不利因素；组织的内部条件包括优势和劣势，它们是组织在发展过程中自身存在的积极和消极因素。在调查分析这些因素时，不仅要考虑历史与现状，更要考虑组织的未来发展问题。

一、优势是组织的内部因素，具体包括有利的竞争态势、充足的资金来源、良好的社会形象、雄厚的技术力量等。

二、劣势也是组织的内部因素，具体包括设备老化、管理混乱、缺少关键技术、研究开发落后、资金短缺、经营不善、产品积压、竞争力差等。

三、机会是组织的外部因素，具体包括新产品、新市场、新需求、外国市场壁垒解除、竞争对手失误等。

四、威胁也是组织的外部因素，具体包括新的竞争对手出现、替代产品增多、市场紧缩、行业政策变化、经济衰退、客户偏好改变、不利的突发事件等。

第二步：整理信息，构造 SWOT 分析表

将组织的外部环境与内部条件归类列表，按重要程度将各因素罗列出来。将调查得出的各种因素按照轻重缓急或影响的重要程度等排序方式，构造 SWOT 分析表，见表 2.1。在此过程中，将那些对组织发展有直接的、重要的、大量的、迫切的、久远的影响因素优先排列出来，而将那些间接的、次要的、少许的、不急的、短暂的影响因素排列在后面。

表 2.1　某洗衣机厂 SWOT 分析表

外部环境	威胁	机会
	1. 城市中洗衣机滞销 2. 钢材价格涨价 40% 3. 新增洗衣机厂家两家	4. 郊区农民购买洗衣机者增多 5. 政府准备对进口洗衣机的数量加以限制 6. 本厂 X 型号洗衣机有出口的可能
内部条件	优势	劣势
	7. 技术力量雄厚 8. 产品质量稳步提高 9. 管理基础工作较好 10. 与协作企业和金融行业有长期合作经验	11. 设备陈旧 12. 一线工人知识水平偏低 13. 生产场地紧张 14. 资金不足 15. 销售渠道不能适应出口产品的需要

第三步：分析信息，制订行动计划

通过对表格进行 SW、OT、SO、WO、ST、WT 分析，制定出适合组织发展的战略方案。在完成环境因素分析和 SWOT 分析表的构造后，便可以将表内列举的各种环境因素相互匹配起来加以组合，进行 SW、OT、SO、WO、ST、WT 分析，从而制定出组织未来发展的一系列战略方案，如图 2.4 所示。

图 2.4　SWOT 分析模型

组织制订发展计划的基本思路如下。

一、如何发挥优势来减少劣势或如何防止劣势削弱优势（SW 分析）。

二、如何利用机会减少威胁（OT 分析）。

三、如何发挥优势来利用机会（SO 分析）。

四、如何利用机会减少劣势或如何防止劣势妨碍利用机会（WO 分析）。

五、如何利用优势来减少威胁或如何防止威胁削弱优势（ST分析）。

六、如何克服劣势避开威胁或如何防止威胁加大劣势（WT分析）。

这种反复对照、提问能促进分析者的思考，有利于组织将各个因素组合起来，形成新的战略。

图2.4中，第Ⅰ象限组织具有强大的内部优势和众多的环境机会，宜采用增长型战略，如开发市场、增加产量等；第Ⅱ象限组织外部有机会但内部条件不佳，宜采用扭转型战略改变内部劣势；第Ⅲ象限组织外部有威胁，内部状况又不佳，应当设法避开威胁和消除劣势，宜采用防御型战略；第Ⅳ象限组织拥有内部优势而外部存在威胁，应利用优势开展多种经营，分散风险，寻求新的机会。

第二节　了解市场调查与预测

导入案例2.2

某航空公司在进行一项关于在飞机上提供电话服务的调研活动时，首先提出"去探索你能够发现的空中旅客所需要的一切"。结果，尽管得到了大量的信息，但有关电话服务方面的信息少之又少，大多数信息集中在价格、次数、食物等其他服务方面。

于是，他们又提出"探求是否有足够的乘客在某航线的飞行中愿意使用电话，使这项服务不致亏损"。结果问题一提出，大家就纷纷认为："如果这项服务能增加新的旅客，不是可以从机票中赢利吗？那现在的调查不就没什么意义了？"

问题：很显然，航空公司的调研并没有取得预期的效果，为什么？

知识点一：市场调查

组织为适应内部条件和外部环境变化，增强活力，在分析内部条件和外部环境的过程中，离不开环境调查与预测。这其中与市场有关的调查研究是最重要的。

一、市场调查的主要内容

所谓市场调查，就是根据组织所面临的市场问题，运用科学的方法，有针对性地收集有关的市场信息，为研究市场规律、预测市场未来变化趋势、进行经营决策提供依据。市场调查主要有以下四个方面的内容。

（1）顾客调查。对顾客的需求及购买能力等情况的调查研究，是市场调查的重点。主要是对现有购买用户数、购买力、购买动机及欲望、购买水平、消费结构及趋势等方面的调查，以及对潜在顾客的调查。潜在顾客是尚未开发的市场，是竞争对手之间争夺的重点，因此必须做深入的调查。

（2）产品调查。产品调查是在产品投放市场后，调查用户对产品的功能、效用、质量、外观、包装、价格、备件、服务、广告宣传等方面的反应和意见，同时还包括对其他竞争产品、新产品、新技术等的调查。

（3）销售调查。对销售活动进行全面的审查，包括对销售量、销售范围、分销渠道、促销活动等方面的调查。如对市场容量、市场占有率、销售趋势、竞争形势等方面进行的调查；对市场上可用的和已有的销售渠道所做的调查；对顾客潜在需求的调查、对产品的市场潜量与销售潜量的调查。当然，还应包括对竞争对手销售情况的调查，以方便与组织自身进行优劣势比较。

（4）政府行为调查。政府的法令与政策对于组织的经营起着重要的作用。因此，应了解政府政策和控制方式的变动对市场的影响，以便对市场进行综合分析。

总而言之，组织所处的外部环境和具备的内部条件在一定程度上都是市场调查的对象，只是组织应根据不同的需要有所选择。例如，技术部门和生产部门调查的重点可能是新技术、新产品的开发现状方面，管理部门调查的重点可能是政府行为方面，而营销人员的调查重点可能是销售和顾客方面。

二、市场调查的步骤

市场调查是一项复杂而又细致的工作，因此必须按预定目标，有组织、有计划、有步骤地进行。市场调查的基本步骤如图 2.5 所示。

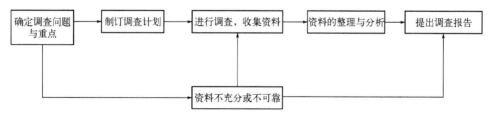

图 2.5　市场调查的基本步骤

(一) 确定调查问题与重点

确定调查问题与重点即提出并界定市场调查的问题和重点。市场调查的问题要根据组织当前需要解决的各类现实问题来确定。要调查的问题既不可过于宽泛,也不宜过于狭窄,要有明确的界定并充分考虑调查结果的实效性。然后,在确定问题的基础上进一步确定调查的重点。

(二) 制订调查计划

调查计划的主要内容有以下几方面。

(1) 调查项目与目的。

(2) 资料来源——第二手资料、第一手资料。

(3) 调查方法——观察法、访问法、问卷法、实验法。

(4) 调查工具——调查表、仪器。

(5) 调查范围——市场范围、收集资料的范围、抽样的范围。

(6) 接触方法——电话、邮寄、面谈等。

(7) 调查人员、调查进度和费用预算。

(8) 要求达到的结果。

调查一般从第二手资料开始,调查表和仪器是获取第一手资料的主要工具。观察、访问、问卷和实验是获取第一手资料的主要方法。

调查计划的第一步和第二步属于准备工作,因此,一定要注意集思广益,做好细致、充分的准备,否则调查结果就不会很理想。

(三) 进行调查,收集资料

制订调查计划之后,就由调查人员按照计划进行资料的收集工作。调查人员的水平直接影响调查结果的准确性,因此要做好调查人员的选择、培训和管理工作。

(四) 资料的整理与分析

资料的整理与分析是对收集到的资料进行审查、整理、分类、比较及全面分析。审查是核实资料的可靠性,整理是检查资料的完整性,分类是为了便于使用和管理资料,比较分析是将实际调查得到的资料与组织的现状进行比较,从中发现组织的优势和劣势、市场的机会和威胁。整理资料一定要客观、实事求是,要保存好原始资料,以备后用。如果发现资料不够充分或是可靠性不足,就应该分析是调查计划的问题还是实际调查工作中的失误造成的。如果是前者,那就必须重新制订调查计划;如果是后者,那就要重新进行调查。

(五) 提出调查报告

调查报告是市场调查结果的文字记录,是提供决策的重要依据。其主要内容有本次调查工作的主要目的,调查所用的方法,对调查资料的分析及其结果,根据调查结论提出的建议,调查报告的附件(如统计图表、参考资料等)。

三、市场调查的方法

市场调查的方法主要有观察法、访问法、实验法和问卷法。

(一) 观察法

观察法就是调查者不直接向当事人提出问题,而是通过观察事件的发生经过或是用仪器记录来进行调查的方法。其优点是能比较客观地收集资料,调查结果比较切合实际;缺点是容易受到调查人员素质和水平的影响。

(二) 访问法

访问法也叫面谈法。其具体做法是调查人员按照预先准备好的调查提纲或调查表,通过口头、面对面的方式向被调查者了解情况,收集资料。既可以采用个别面谈(一对一),也可以采用集体面谈(一对多、多对一、多对多)、电话询问、邮件访问等多种方式进行。其优点是被访问者回答问题直接、明确,便于围绕要调查的问题收集资料;缺点是调查者工作量大,有时会因为访问方法不当而不能取得真实、全面的资料,因此,对调查者的沟通技巧、公关礼仪、知识水平有一定的要求。

(三) 实验法

实验法即从影响调查问题的各因素中选出一两个关键因素,将其置于一定的条件下或一定范围内进行小规模实验,然后对实验结果进行分析,研究其利弊并确定是否值得大规模推广。产品试销、试用是实验调查的常用方式。其优点是获取的资料真实可靠;缺点是实验市场不好选定,而且需要花费一定的时间和费用。

(四) 问卷法

问卷法是指通过发放事先设计好的问卷进行调查(调查之前要确定好是全面调查还是抽样调查,如何抽样,以及如何选择抽样范围),然后用统计工具对调查结果进行计算和分析的方法。

知识点二：市场预测

预测是人们对客观事物未来发展的预料、估计、分析、判断和推测。在预测的时候，都要借助于对过去和现在已知情况的探讨，推断未知和未来的情况。

市场预测就是借助历史统计资料和市场调查，运用科学的预测方法，对未来一定时期内市场需求状况及其发展变化趋势进行评估、分析和推断的一种活动。

一般来说，市场调查只能了解现在和近期的情况，如果想了解未来，就需要在调查的基础上再加以预测。市场预测的内容主要包括组织所在地区社会商品购买力水平及发展趋势预测，组织所提供的产品或服务的需求预测，产品寿命周期及新产品市场前景预测，销售前景预测，经济效益预测，科技发展趋势预测，政府政策预测，以及其他相关因素的预测。

市场预测方法可分为定性和定量两类，我们在此只介绍几种常见的定性预测方法。

一、个人判断法

个人判断法是由组织内相关人员或其他有关专家，凭个人的直觉经验，对市场情况进行分析判断，进而提出预测结果的一种方法。这种方法受预测者个人的知识水平、经验、社会地位等因素的影响。

二、专家座谈法

专家座谈法是指聘请有关方面的专家，通过座谈讨论，互相启发、集思广益、取长补短，从而得出预测结论的方法。这种方法容易被权威意见所干扰，假如有权威人士在场，与会者可能不能畅所欲言，专家也不便公开修改个人意见，容易出现"从众"现象，结果可能是多数人的错误意见被采纳，而少数人的正确意见被忽视；另外，这种市场预测方法还存在专家召集困难、费用较高等缺点。

三、德尔菲法

德尔菲是古希腊传说中的神谕之地，城中有座阿波罗神殿可以预卜未来，因而借用其名。

德尔菲法（Delphi Method）又叫专家预测法、专家调查法，由美国兰德（Rand）公司在 20 世纪 40 年代提出，其要旨是就某一问题征集有关专家的意见后，作出决策。一般采用不记名投寄的方式征询专家意见，并进行统计归纳，然后作出预测或决策。其一般过程如下。

（一）拟订调查表、选择专家

即由调查人员提出各种需要调查或预测的问题，发给有关专家填写。

（二）通信调查

专家们根据调查表所列的问题，背对背地提出自己的意见。

（三）整理反馈

由调查人员汇集整理各专家的意见，并把整理、分析结果反馈给各专家，由专家填写后再寄回。

（四）结果处理

对每一次调查的结果都要运用科学的方法进行整理、统计、分析，经过多次反复，直至得到令人满意的结果为止（典型的德尔菲法共进行四次循环）。

德尔菲法能充分发挥专家的作用。背对背的调查形式可以排除心理因素的影响；而且，带有反馈的意见测试能使各种意见相互启迪，从而有助于决策者作出正确的决策。但是这种方法比较烦琐，所需的时间和经济成本都比较高。

第三节　理解决策的内涵与基本程序

导入案例 2.3

小明是南京某高校一名应届毕业生，处在毕业季的他面临应届毕业生的三种典型选择：(1)想去更大的城市闯一闯，选择去北上广求职就业；(2)已经在南京学习、生活了四年，喜欢这里的生活气息，想留在南京发展；(3)父母希望他能够陪在身边，回到家乡（三、四线城市）就业。往届学长学姐的就业发展情况如表 2.2 所示。

表 2.2　往届毕业生就业发展情况　　　　单位：万元/年

选项	找到好工作	找到工作	找不到工作
选择1：北上广	10	8	-2.5
选择2：南京	8	6	-1.5
选择3：家乡	5	4	0

问题：小明该如何选择？请说出该选择的依据是什么。

知识点一：决策的概念

决策是管理工作的核心部分，美国管理学家西蒙认为管理就是决策。事实上，决策是管理者从事管理工作的基础，是管理活动的核心，它贯穿于管理过程的始终，各项管理职能的开展都离不开决策。实际管理工作中，最大的失误一般来自决策的失误，因此，掌握科学决策的理论与方法是提高管理效率与效益的基础。

一、决策的定义

所谓决策，是为了实现组织目标，提出各种可行方案，依据评定准则和标准，在多种备选方案中，选择一个合理方案进行分析、判断并付诸实施的过程。

决策能有意识地指导人们的行动走向未来预定的目标。决策的主体既可以是组织，也可以是组织中的个人；决策要解决的问题，既可以是组织或个人活动的选择，也可以是对这种活动的调整。科学的决策，应当通过认真的研究，实事求是地分析，去粗取精，去伪存真，由此及彼，由表及里，把握住事物变化的规律，从而作出合理、可行的决断。

二、决策的特点

（一）目标性

明确的目标是决策的前提。决策总是为实现某一目标开展活动的。没有目标就无从决策，没有问题则无须决策。

（二）可行性

决策条件是若干可行的备选方案。决策通常是在两个以上的备选方案中做选择；一个方案无从比较优劣，也无选择的余地。"多方案抉择"是科学决策的重要原则。

（三）选择性

决策过程，要进行方案分析比较。每个可行方案既有其可取之处，也有其不利的一面。所以，人们必须对每个待选择的方案进行综合的分析与评价，以分析每一个方案的利弊，比较各方案的优劣。人们通过分析比较，最终做到决策时"心中有数"。

（四）满意性

选择活动方案的原则是满意原则，而非最优原则。因为最优方案需要建立在完全信息基础之上,条件苛刻,因而既不经济又不可行,可遇而不可求。科学决策遵循的是满意原则,即在诸多的案中,在现实条件下,选择能够使主要目标得以实现,其他次要目标也大致实现的合理方案。

(五) 过程性

决策是一个分析判断的全过程,从决策目标的确定,到决策方案的拟订、评价和选择,再到决策方案的执行和结果的评价,诸多步骤构成了一项完整的决策。组织决策不是一项决策,而是一系列决策的综合。

(六) 动态性

决策是一个过程,而非瞬间行动。组织所处的环境往往受到来自组织内部和外部的各种影响,环境变化要求管理者不断监测、研究,在变幻莫测的环境中寻求机会,追踪并及时调整组织活动,实现组织与环境间的平衡。

(七) 风险性

决策活动中,由于主体、客体等多种不确定因素的存在,决策活动常常不能达到预期目的。任何一种决策,都是在一定环境下,按照一定程序,由单个人或集体作出的。决策并不仅仅只是一个客观过程,还涉及大量的个人情感以及价值判断等主观因素。随着决策机制不断发展与完善,客观因素在决策风险中所占的比重将越来越小,而主观方面的因素将越来越重要。

三、决策的影响因素

(一) 环境

环境对组织决策的影响是双重的。首先,环境特点影响着组织决策的频率和内容。如在一个相对稳定的市场环境中,企业的决策相对简单,大多数决策可以在过去决策的基础上作出;如果市场环境复杂,变化频繁,那么企业就可能要经常面对许多非程序性的、过去所没有遇到过的问题。其次,对环境的习惯性反应模式也影响着组织活动的选择。即使在相同的环境背景下,不同的组织也可能做出不同的反应。而这种组织与环境之间关系的模式一旦形成,就会趋向固定,影响人们对行动方案的选择。

(二) 组织文化

组织文化通常是由组织创办者所建立并在组织多年运行中逐步成型和巩固下来的。组织文化制约着包括决策者在内的所有组织成员的思想和行为,它通过影响人们的态度而对决策起影响和限制作用。

组织文化是构成组织内部环境的主要因素,对待组织文化,既应该注意到它们对组织决策有影响和制约作用的一面,同时也要认识到它们还有需要组织进行管理和变革的另一面。决策者对组织文化和组织外部环境,不应该只是被动地适应,还应该主动谋求影响和改变。

(三) 过去的决策

组织过去的决策是目前决策过程的起点。通常,当前的决策会受到过去决策的影响,是对初始决策的完善、调整或者改革。过去决策的实施,不仅伴随着人力、物力、财力资源的消耗,而且伴随着内部状况的改善,带来了对外部环境的影响。

过去决策对目前决策的制约程度,主要由过去决策与现任决策者的关系决定。如果过去的决策是由现任的决策者制定的,由于决策者通常要对自己的选择及其后果负责,也为了保证决策的连续性,因此决策者一般不愿对组织的活动进行重大的调整,而趋向于仍将大部分资源投入过去未完成的方案执行中。相反,如果现在的主要决策者与组织过去的重大决策没有很深的渊源关系,则决策者会易于接受重大改变。

(四) 决策者的风险态度

决策是人们确定未来活动的方向、内容和行动目标的过程,由于目前预测的未来状况与未来的实际情况不可能完全相符,因此任何决策都存在一定的风险。风险伴随着行动结果的不确定性而产生,组织及其决策者对待风险的不同态度会影响对决策方案的选择。愿意承担风险的组织,通常会在被迫对环境做出反应之前就已采取进攻性的行动;而不愿意承担风险的组织,通常只对环境做出被动的反应。

(五) 决策的时间紧迫性

美国学者威廉·金和大卫·麦克利兰把决策类型划分为时间敏感决策和知识敏感决策。时间敏感决策是指那些必须迅速且尽量准确的决策。这种决策对速度的要求远甚于质量。例如,当一辆疾驶的汽车冲来时,关键是要迅速跑开,至于跑向马路的左边近些还是右边近些,相对于"及时行动"来说则显得比较次要。而知识敏感决策恰恰相反,它对时间的要求不是非常严格。这类决策的执行效果主要取决于其决策质量,而非速度。制定这类决策时,要求人们充分利用知识,做出尽可能正确的选择。战略决策基本上属于知识敏感决策。

投资的故事

曾经有两个企业都想在某市郊区投资房地产,并各派了专人前去调查那里的情况。结果A企业派去的人在考察之后,向公司报告说:"那里人口稀少,房地产业发展机会渺茫,房子建好了也不会有人来住。"而B企业派去的人则在考察之后,向公司报告说:"那里虽然人口稀少,但环境优雅,人们厌倦了城市的喧嚣,一定会喜欢在那里生活。"果然不出B企业所料,随着"城市包围农村",城里人越来越向往农村生活,尤其是一些农家乐,办得更是如火如荼。

两个企业对同一个项目投资的看法存在天壤之别。B企业高瞻远瞩,其投资决策是明智的;而A企业不能正确分析环境,鼠目寸光。B企业的远见卓识远远高于A企业。如果一个企业的领导像A企业的人一样近视,那么他的决策很可能都是短期行为;而如B企业那样结合环境因素,认真分析,就可以科学决策,从而保证企业的正常生存和可持续发展。

知识点二:决策的类型

一、按决策的主体不同划分

按决策的主体不同划分,决策分为个人决策和群体决策。

个人决策是指由组织中的个人所作出的决策。当决策的全过程活动涉及两个或两个以上的人时,不论这些人是一般性地参与决策,还是真正地作决策,这时的决策就是一种群体决策。如"董事会制"下的决策就是一种群体决策,由集体做出决策方案的选择。

个人决策效率高、富于创造性、责任明确,但受人的有限理性的影响较大,也容易暴露因循守旧、先入为主等问题。与个人决策相比,群体决策可以集思广益,拥有更广泛的知识、经验和信息,对风险的理解和控制更好,从而提高了决策方案的可接受性和组织成员的积极性。

二、按决策的重复性划分

按照决策和活动的程序性,美国管理学家西蒙把组织活动分为两类,即例行活动和非例行活动,对应的决策即程序化决策和非程序化决策。

程序化决策是指经常重复发生,并按固定程序、方法和标准进行的决策。非程序化决策是指具有极大偶然性、随机性又无先例可循且具有大量不确定性的决策活动。程序化决策依赖于决策者的经验、知识、决断能力,常用于处理例外问题,无先例可循。

企业高层管理者面临的大多是非程序化决策,中、基层管理者面临的大多是程序化决策。必须指出的是,它们并非真正截然不同的两类决策,而是像一个光谱一样的连续统一体。统一体的一端为高度程序化的决策,而另一端为高度非程序化的决策。我们沿着这个光谱式的统一体,可以找到不同灰度的各种决策。

三、按决策后果的可能性划分

按决策后果的可能性划分,决策分为确定型决策、风险型决策和不确定决策。

确定型决策是指在确定可控的条件下进行的决策。在决策中,每个方案只有一个确定结果,最终选择哪一个方案取决于对方案结果的直接比较。如果方案选定,则该方案后果的发生概率为 1。

风险型决策是指决策的结果有多种,决策者不知道会发生哪一种结果,但每种结果的发生概率已知。决策者对决策对象的自然状态和客观条件比较清楚,也有比较明确的决策目标,但是实现决策目标必须冒一定风险。

不确定型决策是指在不确定条件下进行的决策。决策的结果有多种,决策者不知道会有多少种结果,也不知道每种结果发生的概率。

四、按决策所需解决的问题划分

按决策所需解决的问题划分,决策可分为初始决策和追踪决策。

初始决策是指组织对从事某种活动或从事该种活动的方案所进行的初次选择;追踪决策则是在初始决策的基础上对组织活动的方向、内容或方式的重新调整。如果说初始决策是在对组织内外环境的某种认识基础上作出的,那么作出追踪决策则是由于这种环境条件发生了变化,或者是由于组织对环境特点的认识发生了变化。显然,组织中的大部分决策都属于追踪决策。

五、按决策的作用范围划分,决策可分为战略决策、战术决策和业务决策

战略决策事关组织兴衰成败,通常是带有全局性、长远性的大政方针、经营方向等。决策权由最高层管理者行使,如组织战略目标的确定。

战术决策指有关实现战略目标的方式、途径、措施的决策。决策权主要由中层管理者行使,如生产、销售计划的确定等。这是在组织内贯彻的决策,属于战略执行过程中的具体决策。

业务决策指组织为了提高日常业务活动效率而作出的决策,只对组织产生局部影响,如生产进度安排、库存控制等。它比战术决策更具体,一般由基层管理者作出。

知识点三:决策的基本程序

决策所要解决的问题复杂,形式多样,决策程序也不尽相同,但一般都遵循一些基本程序。通常决策的基本程序包括以下方面(如图 2.6 所示)。

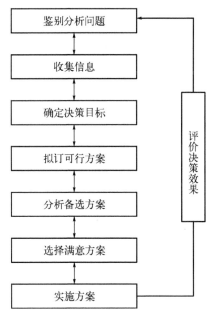

图 2.6 决策的基本程序

一、鉴别分析问题

任何决策都是从发现问题和提出问题开始的。决策过程的第一步应该是发现问题并对问题进行全面且完整的鉴别,鉴别问题对解决问题是至关重要的。

在一个具有两个或两个以上层次的组织中,仅发现问题并提出问题是不够的,还必须在提出问题的基础上,对众多的问题进行分析,以明确各种问题的性质。一是弄清问题的性质、范围、程度以及它的价值和影响,如是战略性问题还是局部问题、是非程序性问题还是程序性问题等,由此确定问题的决策层次;二是要找出问题产生的原因,管理者应对环境的变化进行认真分析,只有通过对各种预兆进行分析,才能透过表象看到环境变化的本质,才能找到造成问题的真正原因,对事物发展做出超前的、正确的预计。

二、收集信息

在问题被明确和定义之后,决策者就可以开始对问题进行系统分析。分析问题的前提条件是着手调查研究,收集实际资料并加以整理。准确、充分、及时的信息是决策的基础,因此在这个步骤里,管理者应积累解决问题所需要的所有数据资料,其数量和搜集信息的范围主要取决于问题的性质和复杂程度。管理者可以从往日的经验、记录、报纸、杂志等中获得信息和资料,包括销售、财务、生产、人事等方面的资料,并将资料归类,建立数据库。

三、确定决策目标

在明确所要解决的问题之后,则要明确决策目标。目标的确定十分重要,同样的问题,由于目标不同,可采用的决策方案也会大不相同。目标的确定,要经过调研,掌握系统准确的统计数据和事实,然后进行一定的整理分析,根据对组织总目标及各种目标的综合平衡,结合组织的价值准则和决策者愿意为此付出的努力程度来确定。

四、拟订可行方案

认识到决策需要之后,管理者必须拟订一组可行的备选行动方案,用来应对出现的机遇和威胁。备选方案注意既要有科学性,又要有创造性;同时备选方案越多,解决办法会越完善。

五、分析备选方案

备选方案拟订出之后,决策者必须客观地评价这些备选方案,认真地分析每一个方案的实用性和经济可行性,层层筛选。如果所有的备选方案都不令人满意,决策者还必须进一步寻找新的备选方案。通常,成功的管理者会依据实用性标准、经济可行性标准、道德和法律标准来对支持或者反对某一项备选行动方案的理由进行评价。

六、选择满意方案

各种备选方案都有其优点和缺陷,决策要求以"满意原则"来确定方案。在对各方案进行理性分析比较的基础上,决策者最后要从中选择一个满意方案并付诸实施。选择方案时,就是在各种可供选择的方案中权衡利弊,分析各方案的可执行性,这是决策的关键过程。

七、实施方案

选择满意的方案后,决策者必须使方案付诸实施。管理者必须设计所选方案的实施方法,并做好各种必需的准备工作。如果是重大决策,应落实部门、人员的监管责任,掌握方案的实施情况。尤其在关键时段、关键时点,要加强监督控制,以保证组织内决策方案实施的及时性、可操作性和正确性。

此外,决策的实施还要有广大组织成员的积极参与。为了有效地组织决策实施,决策者应通过各种渠道向组织成员通报决策方案,争取成员的认同,对成员给予支持和具体的指导,调动成员的积极性。

八、评价决策效果

决策者应该通过信息的反馈来评价和衡量决策的效果,决策者最后的职责是定期检查计划的执行情况,并将实际情况与计划结果进行对比。在这一过程中,应根据已建立的标准来衡量方案实施的效益,通过定期检查来评价方案的合理性。这种评价必须是全方位的,在方案实施过程中要不断进行追踪。

决策过程的最后一个步骤就是从反馈中学习,回顾可以明确功过,确定奖惩,为今后的决策提供信息和积累经验。所以,管理者必须建立起一种从过去决策的结果中进行学习的正式程序,以提高自身的决策水平。

知识点四:定性决策方法

定性决策方法是一种直接利用决策者本人或有关专家的智慧来进行决策的方法。决策者运用社会科学的原理并根据个人的经验和判断能力,充分发挥各自丰富的经验、知识和能力，从决策对象的本质特征研究入手，掌握事物的内在联系及其运行规律，对企业的经营管理决策目标、决策方案的拟订以及方案的选择和实施做出决断。常用的定性决策方法有经理人员决策法、方案前提分析法、德尔菲法和头脑风暴法等。其中，德尔菲法和头脑风暴法既是一种预测方法，也是一种决策方法。

一、德尔菲法

德尔菲法又称专家调查法或专家意见法，20世纪50年代由美国兰德公司首创和使用，在前面讲述预测的小节中我们已经解释了这种预测方法，这种方法最早用于预测苏联第一颗人造卫星上天的时间，后来推广应用到决策中。

德尔菲法采用征询意见表，借助通信方式，向专家小组征询意见，得到答复后，对专家小组的各种意见进行综合、整理和反馈，如此反复多次，直到需决策的问题得到较为满意的答案。这种方法不是非要以唯一的答案作为最后结果，它的目的只是尽量使多数专家的意见趋向集中，但不对回答问题的专家施加任何压力，并允许有合理的分歧意见。专家的人数，一般以10～50人为宜，但一些重大问题的决策可选择更多人。

二、头脑风暴法

头脑风暴法又称专家会议法或智力激励法，是由被称为"风暴式思考之父"的美国创造学家——奥斯本于1939年首次提出的一种激发创造性思维的方法。该方法就是邀请有关方面的专家，通过会议的形式，对某些问题作出评价，并在专家分析、判断的基础上，综合各种意见，借以针对调查分析事件得出质和量的结论。头脑风暴法强调的是集体思维，目的在于创造一种自由奔放的思考环境。头脑风暴法鼓励创造性思维，激发参与者的创意及灵感，使各种假设在相互碰撞中激起脑海的创造性"风暴"，起到互相启发、开拓思路的作用，但最后处理和综合预测（决策）意见比较难。一般参与者以10～15人为宜，时间以20～60分钟为宜。

头脑风暴法的原则包括：第一，严格限制问题范围，明确具体要求以便使注意力集中；第二，不能对别人的意见提出怀疑和批评，要研究任何一种设想，而不管这种设想是否适当和可行；第三，发言要精练，不要详细论述；第四，提倡即席发言；第五，鼓励参与者对已经提出的设想进行改进和综合，为准备修改自己设想的人提供优先发言机会。

定性决策的优点,即:可以发挥集体的智慧和力量,通过思维共振激发创造性;有利于促进决策的科学化和民主化;形成了一套利用专家集体创造力的基本理论和具体的具有可操作性和规范化、程序化特征的方法;建立在现代科学理论和一系列学科群的基础上,充分吸纳了其他学科的知识和研究方法的长处,形成了以知识交换融合为基础的系统思维和综合论证条件。

定性决策法也有一定的缺点,即:定性决策法是建立在专家个人主观意见的基础上,未经严格论证;决策结果受决策组织者的影响较大;采用定性决策法分析问题时,多数人观念趋于保守,传统观念容易占优势。在实际工作中,定性决策法特别适用于战略政策、政治政策和非规范化政策的制定领域。

直升机扫雪

有一年,美国北方格外寒冷,大雪纷飞,电线上积满冰雪,大面积的电线常被积雪压断,严重影响通信。许多人曾试图解决这一问题,但都未能如愿以偿。后来,电信公司经理尝试应用奥斯本发明的头脑风暴法来解决这一难题。于是,他召开了一种能让头脑卷起风暴的座谈会,参加会议的是不同专业的技术人员,此会议要求他们必须遵守以下原则:第一,自由思考。要求与会者尽可能解放思想,无拘无束地思考问题并畅所欲言,不必顾忌自己的想法或说法是否"离经叛道"或"荒唐可笑"。第二,延迟评判。要求与会者在会上不要对他人的设想评头论足,至于对设想的评判,留在会后组织专人考虑。第三,以量求质。鼓励与会者尽可能多而广地提出设想,以大量的设想来保证质量较高的设想的存在。第四,结合改善。鼓励与会者积极进行智力互补,在增加自己提出的设想的同时,注意考虑如何把两个或更多的设想结合成另一个更完善的设想。

按照这种会议规则,大家开始讨论。有人提出设计一种专用的电线清雪机;有人想到用电热来融化积雪;也有人建议用振荡技术来清除积雪;还有人提出能否带上几把扫帚,乘坐直升机去扫电线上的积雪。对于这种"坐飞机扫雪"的设想,大家心里尽管觉得滑稽,但会上也无人提出批评。相反,有一位工程师在百思不得其解时,听到用飞机扫雪的想法后大脑突然受到冲击,一种简单可行且高效的清雪方法冒了出来。他提出,每当大雪过后,出动飞机沿积雪严重的电线飞行,依靠高速旋转的螺旋桨即可将电线上的积雪迅速扇落。他马上提出"用直升机扇雪"的新设想,顿时又引起其他与会者的联想,有关用飞机除雪的主意一下子又多了七八个。不到一小时,与会的10名技术人员共提出90多条新设想。

会后,公司组织专家对设想进行分类论证。专家们认为设计专用清雪机、采用电热或电磁振荡等方法清除电线上的积雪,在技术上虽然可行,但研制费用大,周期长,一时难以见效。那种由"坐飞机扫雪"激发出来的几种设想,倒是一种大胆的新方案,如果可行,将是一种既简单又高效的好办法。经过现场试验,终于在头脑风暴会中得到了巧妙的解决方案,用直升机吹雪真能奏效,一个悬而未决的难题,终于在头脑风暴中得到了巧妙的解决。

知识点五:定量决策方法

定量决策方法就是运用数学方法进行决策的方法,其核心是把同决策有关的变量与变量、变量与目标之间的关系,用数学关系表示,即建立数学模型,然后通过计算求出答案,供决策者参考使用。近年来,计算机技术的发展为数学模型的运用开辟了更广阔的前景。

一、确定型决策方法

确定型决策方法,即只存在一种确定的自然状态,是指决策的影响因素和结果都是明确的、肯定的。决策者可依科学的方法建立决策模型,计算出各个方案的损益值,并通过比较选出满意的方案。确定型决策方法适用于对未来的认识比较充分,了解未来市场可能呈现某种状况,能够比较准确地估计未来市场需求的情况。确定型决策的方法很多,包括线性规划法、盈亏平衡分析法、内部投资回报率法、价值分析法等。

(一)线性规划法

线性规划法是解决多变量最优决策的方法,是在各种相互关联的多变量约束条件下,解决或规划一个对象的线性目标函数最优的问题,即给予一定数量的人力、物力和资源,如何应用能得到最大经济效益。它作为经营管理决策中的数学手段,在现代决策中的应用是非常广泛的。线性规划法可以用来解决科学研究、工程设计、生产安排、军事指挥、经济规划和经营管理等各方面提出的大量问题。具体而言,管理中一些典型的线性规划应用包括合理利用线材问题、配料问题、投资问题、产品生产计划、劳动力安排、运输问题等。

线性规划法一般采取三个步骤：第一步，建立目标函数；第二步，加上约束条件，即在建立目标函数的基础上，附加约束条件；第三步，求解各种待定参数的具体数值。在目标最大的前提下，根据各种待定参数的约束条件的具体限制，便可找出一组最佳的组合。对于只有两个决策变量的线性规划问题，可以在平面直角坐标系中作图表示线性规划问题的有关概念，并求解，即图解法。解线性规划问题的方法还有很多，这里不一一赘述。

(二) 盈亏平衡分析法

盈亏平衡分析法，也叫保本分析法或量本利分析法。它是根据成本、销售利润和产品数量这三者的关系，掌握盈亏变化的规律，指导企业选择能够以最小的成本生产出最多产品并可使企业获得最大利润的经营方案。

企业利润是销售收入扣除生产成本后的剩余。其中，销售收入是产品销售数量及其销售价格的函数。生产成本又可以分为固定成本和变动成本。变动成本是随着产量增加或减少而变化的费用，例如原材料、工时费、燃料费等；而固定成本则在一定时期、一定范围内不随产量变化而变化，如折旧费、设备修理费、办公费、产品研发费等。

在进行量本利分析时，应明确认识下列基本关系：第一，在销售总成本已定的情况下，盈亏临界点的高低取决于单位售价的高低。单位售价越高，盈亏临界点越低；单位售价越低，盈亏临界点越高。第二，在销售收入已定的情况下，盈亏临界点的高低取决于固定成本和单位变动成本的高低。固定成本越高，或单位变动成本越高，则盈亏临界点越高；反之盈亏临界点越低。第三，在盈亏平衡点不变的前提下，销售量越大，企业实现的利润便越多（或亏损越少）；销售量越小，企业实现的利润便越少（或亏损越多）。第四，在销售量不变的前提下，盈亏临界点越低，企业能实现的利润便越多（或亏损越少）；盈亏临界点越高，企业能实现的利润便越少（或亏损越多）。

例 2.1 某打印店购买了一台打印机，假设它的固定成本为每年 1 万元，单位变动成本是每打印一张纸（墨粉、电费、纸张、人工）为 0.10 元，经营价格为每张 0.3 元。那么该打印店每年最少打印多少张纸才能保本？

解：假设保本张数为 x 张，根据盈亏平衡点特性，保本张数为唯一值。

$0.3x = 10\,000 + 0.10x$ 或 $x = 10\,000/(0.3 - 0.10)$

$x = 50\,000$ 张，即该打印店一年至少需要打印 50 000 张才能保本。

二、风险型决策方法

风险型决策方法是指决策者对决策对象的自然状态和客观条件比较清楚,也有比较明确的决策目标,但是实现决策目标必须冒一定风险。风险型问题具有决策者期望达到的明确标准,存在两个以上的可供选择方案和决策者无法控制的两种以上的自然状态,并且在不同自然状态下不同方案的损益值可以计算出来。对未来发生何种自然状态,决策者虽然不能做出确定回答,但能大致估计出其发生的概率值。对这类决策问题,一般用决策树法。

所谓决策树法,就是运用树状图表示各决策的期望值,然后通过计算,最终优选出效益最大、成本最小的决策方法。决策树(见图2.7)一般是自上而下生成的,每个决策或事件(即自然状态)都可能引出两个或多个事件,导致不同的结果。

决策树的构成有四个要素:决策结点、方案枝、状态结点、概率枝。

决策树法作为一种决策技术,已广泛地应用于企业的投资决策中。它是随机决策模型中最常见、最普及的一种决策模式和方法,此方法能有效控制决策带来的风险。

例 2.2 公司拟建一预制构件厂,一个方案是建大厂,需投资 300 万元,建成后如销路好,每年可获利 100 万元,如销路差,每年要亏损 20 万元,该厂的使用期为 10 年。另一个方案是建小厂,需投资 170 万元,建成后如销路好,每年可获利 40 万元,如销路差,每年可获利 30 万元。若建小厂,则考虑在销路好的情况下 3 年以后再扩建,扩建投资 130 万元,可使用 7 年,每年盈利 85 万元。假设前 3 年销路好的概率是 0.7,销路差的概率是 0.3,后 7 年的销路情况完全取决于前 3 年。试用决策树法选择方案。

解:这个问题可以分前 3 年和后 7 年两期考虑,属于多级决策类型,如图 2.7 所示。

考虑资金的时间价值,各点损益期望值计算如下:

点①:净收益 $= 100 \times (P/A, 10\%, 10) \times 0.7 + (-20) \times (P/A, 10\%, 10) \times 0.3 - 300 = 93.25$(万元)

点③:净收益 $= 85 \times (P/A, 10\%, 7) \times 1.0 - 130 = 283.81$(万元)

点④:净收益 $= 40 \times (P/A, 10\%, 7) \times 1.0 = 194.74$(万元)

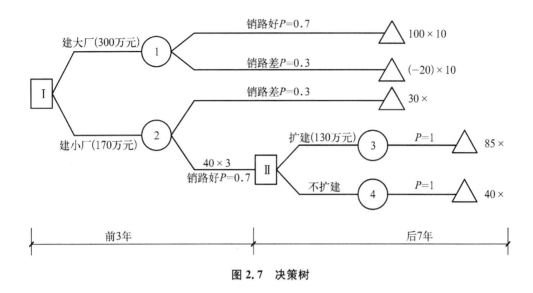

图 2.7 决策树

可知决策点Ⅱ的决策结果为扩建,决策点Ⅱ的期望值为:283.81 + 194.74 = 478.55(万元)

点②:净收益 = (283.81 + 194.74) × 0.7 + 40 × (P/A,10%,3) × 0.7 + 30 × (P/A,10%,10) × 0.3 - 170 = 289.92(万元)

由上可知,最合理的方案是先建小厂,如果销路好,再进行扩建。在本例中,有两个决策点Ⅰ和Ⅱ,在多级决策中,期望值计算先从最小的分枝决策开始,逐级决定取舍到决策能选定为止。

三、不确定型决策法

决策者对未来情况虽然有一定程度的了解,但无法确定各种情况发生的概率,这种情况下的决策称为不确定型决策。

例 2.3　某企业为了开发一种新型产品,设计了 4 种方案:

(1) 在原有基础上改建一条生产线;

(2) 重新引进一条生产线;

(3) 与协作厂家完全联合生产;

(4) 与协作厂家部分联合生产,即请外厂加工零件。

未来可能出现四种市场需求状态,即较高、一般、较低、很低,每种状态出现的概率和大小未知,但可以推算各种方案在未来各种需求状态的损益情况。

表 2.3　四种方案在不同市场状态下的损益情况　　　　　单位:万元

方案	损益值			
	较高	一般	较低	很低
一	600	400	-100	-350
二	850	420	-150	-400
三	300	200	50	-100
四	400	250	90	-50

(一) 悲观决策法(小中取大法)

决策者对未来持悲观态度,总是把事情往不利的方向去想,认为未来会出现最差的情况。决策者经过分析以后,认为企业在未来发展方案中只有选择一个损失最小的方案才最保险。

在此例中,方案一的最小损益值为-350万元,方案二的最小损益值为-400万元,方案三的最小损益值为-100万元,方案四的最小损益值为-50万元,如表2.4所示。其中方案四对应的损益值最大,即选择方案四。

表 2.4　悲观决策法决策表　　　　　单位:万元

方案	损益值				悲观原则
	较高	一般	较低	很低	小中取大
一	600	400	-100	-350	-350
二	850	420	-150	-400	-400
三	300	200	50	-100	-100
四	400	250	90	-50	-50

(二) 乐观决策法(大中取大法)

决策者对未来持乐观态度,认为未来会出现最好的情况。因此,决策者将各个方案在各种状态下可能取得的最大收益值作为该方案的收益值,然后,再选择收益值最大的方案。此类决策者一般会具有较强的实力,因此愿意冒较大的风险,意图获取大的回报。

在例2.3中,方案一的最大损益值为600万元,方案二的最大损益值为850万元,方案三的最大损益值为300万元,方案四的最大损益值为400万元,如表2.5所示。其中方案二对应的损益值最大,即选择方案二。

表 2.5　乐观决策法决策表　　　　　　　　　　　　　　　单位：万元

方案	损益值				乐观原则
	较高	一般	较低	很低	大中取大
一	600	400	−100	−350	600
二	850	420	−150	−400	850
三	300	200	50	−100	300
四	400	250	90	−50	400

(三) 后悔值决策法(大中取小法)

所谓后悔,也就是机会损失,即如果决策者当初没有采用这个方案,而是采用了其他方案,当发现放弃的方案为最优方案时会感到遗憾。最大收益值和采取方案的收益值之差叫作后悔值。

后悔值决策法就是使每一种方案选择的最大后悔值最小的方法。因此,决策时应计算出各个方案的后悔值,然后从每个方案在各种状态下的后悔值中找出最大的后悔值,最后选择最大的后悔值最小的方案作为决策方案。

在例 2.3 中,方案一的最大后悔值为 300 万元,方案二的最大后悔值为 350 万元,方案三的最大后悔值为 50 万元,方案四的最大后悔值为 0 万元。其中方案一的最大后悔值最小,即选择方案一。

表 2.6　后悔值决策法决策表　　　　　　　　　　　　　　　单位：万元

方案	损益值				后悔值			
	较高 B_1	一般 B_2	较低 B_3	很低 B_4	$850-B_1$	$420-B_2$	$90-B_3$	$-50-B_4$
一	600	400	−100	−350	250	20	190	300
二	850	420	−150	−400	0	0	240	350
三	300	200	50	−100	550	220	40	50
四	400	250	90	−50	450	170	0	0

(四) 机会均等法

机会均等法是指认为各种自然状态出现的机会均等,根据均等概率计算出各个方案的期望值。经过对期望值的比较,选出期望值最大的方案。

$$均等概率 = 1/需求状态数$$

$$期望值 = \sum (均等概率 \times 损益值)$$

在例 2.3 中,方案一的期望值 = (600 + 400 − 100 − 350) × 0.25 = 137.5(万元)

方案二的期望值 = (850 + 420 − 150 − 400) × 0.25 = 180(万元)

方案三的期望值 = (300 + 200 + 50 − 100) × 0.25 = 112.5(万元)

方案四的期望值 = (400 + 250 + 90 − 50) × 0.25 = 172.5(万元)

取其中期望值最大的方案,即选择方案二。

小 结

1. 所谓 SWOT 分析法,是指通过对组织内部的优势、劣势和外部环境带来的机会、威胁进行综合分析,据此构思、评价和选择企业战略方案的一种方法。其基本步骤是分析环境因素,获取信息;整理信息,构造 SWOT 分析表;分析信息,制订行动计划。

2. 决策是指为今后的行动确定目标,并从多种方案中选择一个合理或最优方案的分析判断过程。其基本程序包括鉴别分析问题、收集信息、确定决策目标、拟订可行方案、分析备选方案、选择满意方案和实施方案等几个环节。

3. 德尔菲法又叫专家预测法、专家调查法,是指通过不记名投寄征询意见表的方式征询专家意见,多次循环反复后进行统计归纳,作出预测或决策的一种定性预测或决策方法。

4. 头脑风暴法作为一种定性决策方法,是指将对解决某一问题有兴趣的人召集在一起,在完全不受限制、无拘无束的条件下敞开思路、畅所欲言。

5. 决策的特点是:目标性、可行性、选择性、满意性、过程性、动态性、风险性。

6. 决策的影响因素:环境、过去的决策、决策者的风险态度、组织文化、决策的时间紧迫性。

7. 依据分类方法不同,有多种决策类型:战略决策、战术决策和业务决策;程序化决策和非程序化决策;初始决策和追踪决策;群体决策和个人决策;确定型决策、风险型决策和不确定型决策。

8. 常用的定量决策方法有线性规划法、盈亏平衡分析法、决策树法、乐观决策法、悲观决策法、后悔值决策法、机会均等法等。

练习题

一、单项选择题

1. 决策是工作和日常生活中经常进行的活动,但人们对其含义的理解不尽相同,你认为以下哪种理解较完整?(   )
   A. 出主意
   B. 拿主意
   C. 既出主意又拿主意
   D. 评价各种主意

2. 企业面临的境况日益复杂多变,决策越来越难以靠个人的智力与经验来应付,因此现代决策应该更多地依靠(   )。
   A. 多目标协调   B. 集体智慧   C. 动态规划   D. 下级意见

3. 群体决策既有优点也有缺点,必须根据具体情况选用。以下哪一种情况通常不采取群体决策?(   )
   A. 确定长期投资于哪一种股票   B. 决定一个重要副手的工作安排
   C. 选择某种新产品的上市时机   D. 签署一项产品销售合同

4. 在进行不确定性决策的时候,乐观的做法可描述为(   )。
   A. 大中取大   B. 小中取大   C. 小中取小   D. 大中取小

5. 在进行不确定性决策的时候,悲观的做法可描述为(   )。
   A. 大中取大   B. 小中取大   C. 小中取小   D. 大中取小

6. 针对某一问题,将有关人员召集在一起,在无拘无束的氛围中收集意见并进行决策的方法是(   )。
   A. 因果分析法   B. 回归分析法   C. 头脑风暴法   D. 德尔菲法

二、多项选择题

1. 决策具有以下哪些特点?(   )
   A. 目标性   B. 选择性   C. 满意性   D. 科学性

2. 按决策活动的层次划分,可将决策划分为(   )。
   A. 战略决策   B. 管理决策   C. 作业决策   D. 风险决策

三、问答题

1. 什么是SWOT分析法?简述其基本步骤。
2. 什么是决策?结合实际谈谈决策的基本程序。
3. 简要回答预测和决策的区别与联系。

四、计算

某城市拟利用公共汽车站、火车站和码头进行宣传,在上述三种地点建立宣传站,由于不能确定准确的客流量,可把客流量分为大、中、小、微,每种客流量下达到的宣传效果不同。经过测算,三种方案在四种不同客流量情况下,分别获得的宣传效果如表2.7所示。

表2.7　三种方案在四种不同客流量情况下的宣传效果(回头率,%)

可行方案	S_1 流量大	S_2 流量中	S_3 流量小	S_4 流量微
A1 建在码头	30	15	10	5
A2 建在汽车站	50	35	25	20
A3 建在火车站	60	30	25	15

五、案例分析

作为世界最大和排名第一的非酒精饮料企业,可口可乐公司在超过200个国家和地区销售超过3 500种饮品。可口可乐公司建立了一个价值150亿美元的品牌,同时在世界五大软饮料品牌中占据了四席(可口可乐、健怡可乐、芬达和雪碧)。2001年之后的每一年,全球品牌咨询公司英图博略(Interbrand)和《彭博商业周刊》(Bloomberg Business Week),都将可口可乐评为最著名的全球品牌。可口可乐公司的管理层和经理将他们的目标聚焦于雄心勃勃的、长期的企业增长——到2020年可口可乐公司的业务翻番。要达成这个目标,一个重要任务是把公司的纯果汁橙汁(Simply Orange Juice)打造成全球果汁品牌。决策的制定对于经理尝试击败竞争对手百事可乐公司(PepsiCo)起着重要作用,百事可乐公司在非浓缩果汁市场占有40%的市场份额,而可口可乐公司只有28%。经理们并不认为在这场激烈的追逐中,百事可乐公司仅仅是侥幸而得。

你可能认为制作橙汁很容易——摘、榨、注,这只是在你的厨房中可能出现的场景。对于可口可乐公司而言,制作一瓶100%果汁的橙汁需要"卫星图、复杂的数据算法和果汁管道"。可口可乐公司在佛罗里达的大型果汁包装厂采购经理说,"大自然不是标准化的"。然而,标准化恰恰为可口可乐公司的付出带来了利润。生产一种果汁饮料比把苏打水装入瓶中复杂得多。

可口可乐公司使用所谓的"黑皮书模型",是想保证客户可以一年十二个月不断地喝到新鲜可口的橙汁,而非只在持续三个月的橙子的巅峰成长季节。为了实现这一目标,可口可乐公司依赖其"收入分析顾问",他说,"橙汁是在业务分析中最复杂的应用之一"。为了在大自然的挑战中实现最佳协调,要进行一百万的三次方(1后面有18个0)次决策。

黑皮书中没有什么秘诀,那只是一个简单的算法,它包含了超过600种组成一个橙子的不同口味和客户偏好的详细数据。这些数据与每一批次的原料果汁的状况相关联。这个算法会决定如何按不同的批次来调配味道和一致性。在果汁装瓶工厂,"调配技师在装瓶之前执行黑皮书的指令"。他们每周所用的橙汁菜谱都会经过不断的微调。黑皮书还包含了外部因素诸如气候图、庄稼产量和其他成本压力因素的数据。这对可口可乐公司的决策者而言很有用,因为他们必须保证其供应量至少可以支撑15个月。一名可口可乐公司的管理人员说:"如果我们遇上飓风或者结冰,我们可以在5～10分钟内迅速重新计划,因为我们已经进行过数学模拟了。"

问题:

1. 黑皮书是如何帮助可口可乐公司的经理和其他员工进行决策的?
2. 可口可乐公司要怎样运用它的大数据来实现目标?
3. 在收入分析方面做一些研究。什么是收入分析?收入分析可以怎样帮助经理更好地制定决策?

第三章

计　　划

> **学习重点**
> 1. 计划工作的内涵
> 2. 计划工作的基本程序
> 3. 目标管理的内涵及基本步骤

第一节　理解计划工作的内涵

导入案例 3.1[①]

宏大公司的总经理顾军一直在想着两件事,一是年终已到,要抽个时间开个会议,好好总结一下一年来的工作,今年外部环境发生了很大的变化,尽管公司想方设法拓展市场,但困难重重,好在公司经营比较灵活,经过努力奋斗,这一年总算摇摇晃晃地走过来了,现在是该好好总结一下,看看问题到底出在哪里。二是要好好谋划明年该怎么办,更要想想以后 5 年怎么干,乃至于以后 10 年怎么干。顾军从事务堆里抽出身来,到某大学去听了两次关于现代企业管理的讲座,教授的精彩演讲对他触动很大。公司成立至今转眼已有 10 多个年头了。10 多年来,公司取得了很大的成就,靠运气,靠机遇,当然也靠大家的努力。细细想来,公司的管理全靠经验,特别是靠顾军自己的经验,遇事都由顾军拍板,从来没有公司通盘的目标与计划,因而常常是干到哪里是哪里。可现在公司已发展到有几千万元资产,300 多名员工,再这样下去可不行了。市场竞争日益加剧,公司的前景难以预料,摆在顾军面前的困难很多,但机会也不少,新的一年到底该干些什么?怎么干?以后的 5 年、10 年又该如何干?这些问题一直盘旋在顾军的脑海中。

问题:什么是计划?管理者为什么要制订计划?

---

① 李海峰,张莹.管理学基础.北京:人民邮电出版社,2015.

知识点一：计划的概念和内容

一、计划的定义

美国管理学家罗素·艾科夫认为："计划是对所追求的目标及实现该目标的有效途径进行的设计。"而管理学家斯蒂芬·罗宾斯认为："计划是一个确定目标和评估实现目标最佳方式的过程。计划包括确定目标、制定全局战略任务及完成目标和任务的行动方案。"

二、计划的内容

（一）what，做什么

就是确定计划工作的目标和内容，确定一定时间内的工作重点和具体要求。

（二）why，为什么做

就是明确计划的宗旨和目标，并论证其可行性。实践表明，计划管理者对计划宗旨认识得越清楚，工作人员的执行力就越强，越能发挥工作的主动性和创造性，从而使计划目标的达成越顺利。

（三）who，谁去做

就是明确计划的执行部门和执行人员。计划只有落实到具体的主管部门、管理人员，才能避免计划目标浮于书面，具体工作相互推诿，以致计划目标难以实现。

（四）when，什么时候做

就是明确计划中各项工作的执行时间，以便对计划的执行情况进行有效跟踪监管，并对不利于进度的情况进行有效协调和平衡，对协作部门间的进度障碍问题实施有效的沟通协调，促进计划的完成。

（五）where，在什么地方做

就是明确计划实施的地点或场所，只有对计划实施的具体地点或场所环境条件的利弊情况有充分的了解，才能合理地安排计划实施的空间、组织和布局，使得计划的达成多一份保障。

（六）how，怎么做

就是明确制订实施计划所要采取的政策、规则、方式、方法，以指导管理者在计划的实施过程中可以有效地采用这些有利条件促使计划顺利达成。

（七） how much，多少费用

就是明确完成计划所规定的目标、任务预计需要投入的资金额度。只有资金落实到位，才能确保计划目标顺利达成。

作为一个完整的计划，一般还应有相应的控制标准、考核制度以及相应的奖惩制度。

两个饥饿的人

从前，有两个饥饿的人到一位长者那儿乞讨。长者给了他们一根鱼竿和一篓鲜活硕大的鱼，要他们自己选择。其中，一个人要了一篓鱼，另一个人要了一根鱼竿，于是他们各自离开了。得到鱼的人原地就用干柴搭起篝火煮起了鱼，他狼吞虎咽，还没有品出鲜鱼的肉香，转瞬间，连鱼带汤就被他吃了个精光，不久，他便饿死在空空的鱼篓旁。另一个人则提着鱼竿继续忍饥挨饿，一步步艰难地向海边走去，可当他已经看到不远处那片蔚蓝色的海洋时，浑身的最后一点儿力气也使完了，他也只能眼巴巴地带着无尽的遗憾撒手人间。

另外两个饥饿的人，他们同样得到了长者恩赐的一根鱼竿和一篓鱼。只是他们并没有各奔东西，而是商定共同去找寻大海。他俩每次只煮一条鱼，经过遥远的跋涉，他们来到了海边。从此，两人开始了捕鱼为生的日子，几年后，他们盖起了房子，有了各自的家庭、子女，有了自己建造的渔船，过上了幸福安康的生活。

知识点二：计划的特点

计划的特点可以概括为七个主要方面，即目的性、首位性、普遍性、效率性、创造性、动态性和时效性。

一、目的性

计划的目的性体现在以下几个方面：

（1）计划是一个阶段的工作目标，它可以使管理者和工作人员明确工作方向，相互沟通协调，团结协作，共同为完成同一个目标而努力。

（2）计划工作可以使管理者通过对计划进度的跟踪监管，发现工作中存在的问题，预测目标达成的可行性，并制定出相应的对策，降低不确定性。

（3）计划工作设定的目标和标准，有利于管理者通过对计划进度的跟踪监管，发现实施过程中出现的问题和偏差，及时采取措施进行调整，促进计划目标的达成。

二、重要性

计划是管理职能中的重要职能，计划为将开展的工作明确了工作目标、工作内容和管理部门或执行人，是处于始发位置，为其他职能奠定基础的工作，组织、控制/协调等都只有在计划工作确定了目标之后才能进行，这些职能都是为了支持、保证计划的实现。例如，某公司拟在开发区投资建设一个工厂，首先必须做出一个投资计划，并对这个计划的可行性进行研究分析，如果分析的结果表明，在开发区建新工厂是不合适的，那么随后的各项工作就不必进行了。所以说，计划职能通常被称为管理的首要职能，具有首位性。

三、普遍性

计划对于任何组织、任何管理部门都是不可或缺的职能。虽然随着管理者所处的行业不同、层次不同，计划涵盖的内容和范围亦会有所不同，但是计划始终存在于各项工作之中。工厂要有生产计划、金融要有投资计划、城市要有发展计划、国家要有经济计划等等，由此可见，计划具有普遍性。

四、效率性

计划的效率是指制订计划与执行计划时所有的投入与所有的产出之比，即组织经营活动过程中投入与产出之比。计划工作的任务，不仅是要确保工作目标的实现，更是要从众多方案中选择最佳方案以提高实施效率。提高计划的效率可以从三个方面着手：一是有效地协调计划执行部门与外部环境的关系，降低因为关系不协调带来损失的可能性；二是有效地提高部门内部的协调，从而提高投入产出比；三是有效地提高部门目标与成员个人目标之间的协调。美国行为科学家艾得·布利斯提出的布利斯定理指出：用较多的时间为一次工作作事前计划，做这项工作所用的总时间就会减少。

五、创造性

计划工作总是针对即将到来的新的时间段、新的工作目标以及工作中出现的新机遇、新问题而作出的新的工作方案，因而计划实际上是管理活动中一种创造性的管理过程。正如每一种新产品的成功不能缺少创新一样，计划的成功也在于创新。

六、动态性

计划在执行的过程中,会遇到不可预测的外部环境的变化而难以执行的情况,诸如国家政策的改变、城市发展规划的需要等,也会遇到因为执行部门自身情况发生变化而导致计划难以执行,这时就应该根据实际情况及时对计划进行调整、修改和补充,有时甚至应该放弃原计划,重新制订适合新情况的计划,以保证计划的实施,从而给组织带来最大效益。所以说,任何计划都不是一经制订就亘古难改,而是具有动态性的。

七、时效性

任何计划都是针对某一个时间段的工作而言的,所以计划的制订工作必须在工作开始前完成,计划具有明确的执行起止时间,超过计划的执行期限,计划就失去意义了。因此,计划具有时效性。

综上所述,计划工作是一个创造性很强的管理活动,但同时又是一项复杂而又困难的工作。管理学家哈罗德·孔茨说:"计划工作是一座桥梁,它把我们所处的此岸和要去的彼岸连接起来,以克服这一天堑。"面对激烈的市场竞争,管理人员迫切要求迅速地提高宏观的和微观的管理水平,而提高计划工作的科学性则是全面提高管理水平的前提和关键。

> **案例**

五枚金币[①]

美丽的内蒙古草原上,年少的阿巴格和爸爸在草原上迷了路,阿巴格又累又怕,到最后快走不动了。爸爸就从兜里掏出5枚硬币,把1枚硬币埋在草地里,把其余4枚放在阿巴格的手上,说:"人生有5枚金币,童年、少年、青年、中年、老年各有1枚。你现在才用了1枚,就是埋在草地里的那1枚。你不能把5枚都扔在草原里,你要一点点地用,每一次都用出不同来,这样才不枉人生一世。今天我们一定要走出草原,你将来也一定要走出草原。世界很大,人活着,就要多走些地方,多看看,不要让你的金币没有用就扔掉。"在父亲的鼓励下,阿巴格走出了大草原。长大后,阿巴格离开了家乡,但一直记着父亲的话,认真规划自己的人生目标,最终成了一名优秀的船长。

---

① 杨跃之.管理学原理.2版.北京:人民邮电出版社,2016.

知识点三：为什么要制订计划

计划的完善程度可以直接影响管理工作的好坏，影响计划目标的达成。计划工作对任何一个层次的管理部门来说都是至关重要的。

计划工作有以下几个方面的积极意义：

一、计划是管理者的工作依据

计划明确了工作目标、执行的时间、执行部门和人员，并实施协调关系，这是计划的重要作用。

计划在工作目标与现实之间架起了一座桥梁，使管理者团结一致、相互协调，排除一切障碍，通过共同努力去实现同一个目标。一个正确的计划还可以有效地提高执行的准确性，少走弯路。时刻关注对未来的不确定性和变化影响因素的把握，及时制定出相应的对策，才能实现组织与环境的动态协调。

通过监管计划的实施进度，及时调整偏离预期目标的情况，使得各项工作始终朝着正确的计划目标方向，也是计划的重要作用之一。

二、计划是降低风险的因素

计划是通过科学预测，提出在未来组织所要达到的目标以及实现目标的办法。在社会不断变革、技术不断进步、信息瞬息万变的时代，无论是组织生存的环境还是组织自身随时都会发生变化，计划目标不能达成的风险很大。因此，面对未来的不可控因素，要随时对未来变化作出有效预测和准确判断，及时调整或重新制订出适合发展的切实可行的计划，有效降低不确定性对组织的消极影响，从而把风险降低到最低程度。

三、计划是有效控制的标准

在实现目标的过程中离不开控制，而计划是控制的基础，控制中几乎所有的标准都来自计划，所以说计划是一切工作的基础。计划制定的目标和指标作为衡量尺度或标准，是管理人员检查和控制目标实施情况、及时纠正工作偏差的依据或标准。计划作为检查目标完成情况、工作评比的标准，有利于检查、指导、督促目标完成的进度，有利于实行标准化、正规化的管理，也利于考核评比，总结提高。

四、计划是减少浪费、提高效率的法宝

计划通过科学预测、可行性研究，为目标的落实提供了较精准的依据，可以减

少工作中的随意性,避免因盲目判断而造成的损失,也可以消除因协调不力造成的不必要重复所带来的浪费。计划提出的明确目标,有利于组织实行更经济的管理,有助于减少迟滞和等待时间,减少误工损失,促使各项工作能够均衡稳定地发展,使组织提高工作效率,在最短的时间内达成目标。

五、计划是激励士气的动力

计划制定的往往是高于一般水平的目标,需要在工作中通过努力方能达成的标准,具有一定的挑战性。管理者可以通过制定详细的实施方案,帮助全体成员了解具体目标情况,明确目标应该达到的程度,以及达到目标后可得到的收益,激发成员的主人翁意识,增强组织的凝聚力,共同为达成目标而努力。所以说,计划是激励士气的动力。

知识点四:计划的类型

由于组织和组织活动的复杂性,组织的计划也表现出相应的复杂性,依据不同的标准划分,形成了种类繁多的不同计划,这些不同类型的计划之间并非彼此割裂,而是相互联系、相互作用形成组织的计划体系。

一、按计划内容的表现形式分类

按计划内容的表现形式分类,计划可以分为宗旨、目标、策略、政策、程序、规则、规划和预算等内容,如图3.1所示。

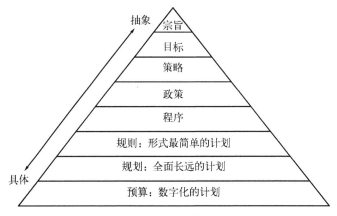

图3.1 层次体系

(一) 宗旨

各种有组织的活动,都具有或者至少应该有明确的宗旨。这种宗旨是社会对该组织的基本要求。

（二）目标

一定时期的目标或各项具体目标是在目的或宗旨的指导下提出的。它具体规定了组织及其各个部门的经营管理活动在一定时期要达到的具体成果。目标不仅仅是计划工作的终点，而且也是组织工作、人员配备、领导以及控制等活动所要达到的结果。

（三）策略

策略是指对组织确立的长期目标，考虑如何采取行动，分配必需的资源，以达到目标。

（四）政策

政策是指在决策或处理问题时，指导及沟通思想活动的方针和一般规定。政策指明了组织活动的方向和范围，鼓励什么和限制什么，以保证行动同目标一致，并有助于目标的实现。

（五）程序

程序就是办事手续，是对所要进行的行动规定时间顺序，以及规定如何处理那些重复发生的问题的方法、步骤。程序是行动的指南。因此，程序是详细列出必须完成某类活动的准确方式。

（六）规则

规则是对在具体场合和具体情况下，允许或不允许采取某种特定行动的规定。规则也是一种计划。规则常常容易与政策和程序相混淆，应特别注意区分。规则不像程序，因为规则指导行动，而不说明时间顺序，我们可以把程序看作一系列规则的总和。政策的目的是指导决策，并给管理人员留有酌情处理的余地。虽然规则有时也起指导作用，但是在运用规则时，没有自行处理的权利。

（七）规划

规划是综合性的计划，它是为实现既定目标、政策、程序、规则、任务分配、执行步骤、使用资源以及其他要素的复合体。因此，规划工作的各个部分的彼此协调需要严格的技能，以及系统的思考和行动的方法。

（八）预算

预算作为一种计划，是一份用数字表示预期结果的报表。预算又被称为"数字化"的计划。例如，财务收支预算，可称为"利润计划"或"财务收支计划"。一个预算计划可以促使上级主管对预算的现金流动、开支、收入等内容进行数字上的整理。预算也是一种控制手段,又因为预算是采用数字形式,所以它使计划工作更细致、更精确。

二、按计划涉及的期限分类

按照计划涉及的时间期限分类,计划可以分为长期计划、中期计划和短期计划。一般地说,季度计划、年度计划是短期计划,2年、3年和5年计划称为中期计划,5年以上的计划称为长期计划,企业通常既要编制短期计划,又要编制长期计划,两种计划相互联系,相辅相成。

(一) 长期计划

长期计划的期限通常是5年以上,作为战略性计划,其内容主要涉及组织的长远目标和发展方向。战略计划往往是一种长期计划,但长期计划并不一定都是战略计划。

长期计划是规定企业生产方向和任务的纲领性规划,是组织在对未来市场需求情况进行科学分析和预测的基础上制订出来的。它是一种预测性较强,能为组织发展方向、规模等确立一个较长时期的战略目标的计划,其特点是战略性、预见性和纲领性。

长期计划的内容,一般根据行业的不同和企业的特点而有所不同。一般来说,包括以下几种主要计划。

1. 发展计划

发展计划是为适应企业发展的要求而对生产规模和产品开发进行的规划。

扩大生产规模方面的规划主要包括:资金筹措计划,大、中型基本建设项目计划,技术改造和技术措施计划,以及与此相适应的物质资源需求计划、职工人数和结构计划等。产品开发方面的规划主要有:科研和新产品开发计划、产品质量计划等。它主要是规定企业产品品种的发展方向、新产品发展和老产品整顿的任务,以及科学研究项目的安排等。产品开发规划是生产规模发展规划的依据。

2. 经济效益计划

经济效益计划主要有:盈利计划、生产效益提高计划、成本降低计划、资金利用效益提高计划、产品品种与数量计划等。盈利计划对制订产品品种与数量计划、成本降低计划效率计划等有指导作用,但同时,它的制订又要以这些计划为基础。

3. 市场开拓计划

市场开拓计划是企业编制其他计划的出发点和落脚点。它包括资源供应和产品销售两个方面。资源供应计划包括技术装备采购引进计划、配套件专业化协作计划等。产品销售市场计划包括市场开拓计划、产品销售计划和技术服务计划。

4. 职工队伍建设和生活福利方面的计划

职工队伍建设和生活福利方面的计划主要包括职工培训计划即企业智力投资和开发计划，职工住宅、生活福利设施计划，职工收益水平提高计划等。

5. 环境保护计划

环境保护计划主要是规定预期达到国家环境保护标准的程度，废水、废气、废物的清除和利用的程度，厂区内、外绿化面积的增加等。

长期计划是从整个企业的全局出发，确定在较长时间所要达到的目标和为实现这一目标应采取的各种具体措施。其不仅考虑了企业的当前利益，而且考虑了长远的经济效果。因此，这种计划带有战略意义。有了长期计划，可以使企业的全体员工的眼光不被眼前走出的第一步所限制，从而更好地激励全体员工不断提高企业的生产水平、技术水平和管理水平。

由于长期计划的时间跨度比较大，在这个较大的时间跨度内，企业内外的技术经济条件通常会发生较大的变化，很难作出精确的判断。因此，长期计划通常难以概括全面。

（二）中期计划

中期计划，通常期限是1~5年，介于长期计划和短期计划之间。根据组织的长期计划进行编制，主要起到衔接长期计划和短期计划的作用。长期计划以问题为中心，而中期计划以时间为中心，将长期计划的内容细化为每个时段的目标。可以说，中期计划既赋予了长期计划具体内容，又为短期计划指明了方向。

（三）短期计划

短期计划，通常期限是1年、半年甚至更短时间，是根据中长期计划规定的目标和当前的实际情况，对各种活动做出的详细的说明和规定，更具操作性。短期计划比中期计划更为详尽，在执行的过程中灵活选择的范围较小，有效的执行是其最基本也是最重要的要求。长期计划、中期计划、短期计划相互之间关系主要表现为：长期计划为组织指明方向，中期计划则为组织指明路径，而短期计划则为组织规定行进的步伐。因此，将长期、中期、短期计划结合起来有着极为重要的意义。

企业的年度计划（短期计划），又称为年度综合计划，或称生产技术财务计划，是根据企业的长期计划、长期经济协议书、对市场情况的预测制订的。它比较详细、具体地规定了企业在计划年度内的任务,是指导企业生产经营的主要计划,包括企业年度内各个生产环节和各个方面的活动,如生产、技术、财务等的活动。年度计划的特点是各计划指标分类、分月,使企业经济计划的各组成部分具体化和各项落实措施具体化。年度计划的内容,在不同的行业、不同规模的企业是不尽相同的。根据企业现有的计划内容和发展情况,企业年度计划通常由以下内容组成:

1. 生产与销售计划

生产与销售计划规定企业计划年度内生产的各种产品的数量、生产期限、生产能力的利用程度,以及可供销售的产品数量等。

2. 新产品试制与科研计划

新产品试制与科研计划规定企业在计划年度内的新产品试制、老产品的改进,以及主要的科学研究项目。

3. 产品质量计划

产品质量计划规定企业在计划年度内提高产品技术方面所要达到的目标及主要指标。

4. 劳动工资计划

劳动工资计划规定企业为保证完成生产任务所需要的各类人员数量、所要达到的劳动生产率水平,以及职工的工资总额和平均工资水平。

5. 物资供应计划

物资供应计划根据生产计划规定各种原材料、燃料、动力、工具及外购件等各类物资的需要量、储备量和供应期等。

6. 机器设备维修计划

机器设备维修计划规定在计划期内主要机器设备的大修、中修、小修的台数、期限、工作量,以及备品配件制造任务等。

7. 成本计划

成本计划规定企业为完成生产计划需要支出的生产费用、生产计划成本,以及可变成本降低的任务等。

8. 财务计划

财务计划规定企业为完成生产计划所必需的财务收入和支出,主要包括固定资产、流动资产、产品成本和利润计划等。

9. 技术组织措施计划

技术组织措施计划规定为了保证全面完成企业计划任务所采取的改进生产

技术、生产组织和劳动组织等方面的措施和项目,以及实施这些项目的效果、期限、负责单位和费用来源等。

三、按制订计划的组织层次分类

按照制订计划的组织层次不同,计划通常可以分为高层计划、中层计划和基层计划。

(一) 高层计划

高层计划着眼于组织整体的、长远的安排,把握全局方向和目标。

(二) 中层计划

中层计划一般着眼于组织内部的各个组成部分的定位及相互关系的确定,它既可能包含部门的分目标等战略性质的内容,也可能有各部门的工作方案等作业性质的内容。

(三) 基层计划

基层计划着眼于每个岗位、员工,每个工时的工作安排和协调。

高层、中层、基层计划是相对而言的,后者一般是前者分解的结果,前者则是后者的纲领和综合。较低层级的计划是较高层级计划的落实和保证。

四、按计划针对的对象分类

按计划针对对象的不同,即广度不同,计划可以分为战略计划、战术计划和作业计划。

(一) 战略计划

战略计划是指应用于整个组织的,为组织未来较长时期(通常为5年)设立总体目标和寻求组织在环境中的地位的计划。它是关于企业活动总体目标和战略方案的计划,往往涵盖组织整体各个部门,应用于整个组织,为组织建立全面性目标与整合各部门活动的整套计划。

战略计划通常时间跨度长,涉及范围广;内容抽象、概括,不要求直接的可操作性;方案往往是一次性的,很少能在将来得到再次或重复的使用;计划的前提多是不确定的,战略计划的风险较大。

(二) 战术计划

战术计划是有关组织活动具体如何运作的计划,是指各项业务活动开展的作业计划,确定总体目标如何实现的细节。例如,营销计划、生产计划、财务计划与人事计划等。

(三) 作业计划

作业计划是由企业基层管理部门制订的计划,也属于资源分配和利用的计划,但比战术计划更具体、更详细,以便于具体执行和检查。作业计划的对象是例行的重复性工作。

战术计划通常期限短,覆盖范围较窄,内容具体、明确,并通常要求具有可操作性;任务是实现根据企业总体目标分解而提出的具体行动目标;其计划的风险程度较低。两者最大的区别在于:战略计划的重要任务是设立目标,而战术计划则是假设目标已存在,而提供一种实现目标的方案。

> **案例**

毛毛虫吃苹果[①]

四只喜欢吃苹果的毛毛虫长大了,各自去森林里找苹果吃。第一只毛毛虫跋山涉水,来到一棵苹果树下。它不知道这是一棵苹果树,也不知道树上长满了红红的可口的苹果。它看到其他的毛毛虫往上爬,便稀里糊涂地就跟着往上爬,没有目的,不知终点,更不知自己到底想要哪一种苹果,也没想过怎么样去摘取苹果。最后结局呢?也许找到了一个大苹果,幸福地生活着;也可能在树叶中迷了路,过着悲惨的生活。

第二只毛毛虫爬到了苹果树下。它知道这是苹果树,也确定它的"虫"生目标就是找到一个大苹果。问题是它并不知道大苹果会长在什么地方,但它猜想:大苹果应该长在大枝叶上吧!于是它就慢慢地往上爬,遇到分枝的时候,就选择较粗的树枝继续爬。它按这个标准直往上爬,最后终于找到了一个大苹果,这只毛毛虫刚想扑上去大吃,一看,它发现这个苹果是树上最小的一个,上面还有许多更大的苹果。

第三只毛毛虫来到一棵苹果树下。这只毛毛虫知道自己想要的就是大苹果,并且研制了一副望远镜。爬树之前用望远镜搜寻了一番,找到了一个很大的苹果。同时,它发现当从下往上找路时,会遇到很多分枝,有各种不同的爬法;但若从上往下找路,则只有一种爬法。它很细心地从苹果的位置,由上往下反推至

---

① 杨跃之.管理学原理.2版.北京:人民邮电出版社,2016.

目前所处的位置,记下这条确定的路径。于是它开始往上爬,遇到分枝时,它一点也不慌张,因为它知道该往哪条路走,而不必跟着一大堆虫去挤破头。这只毛毛虫应该会有一个很好的结局,因为它已经有了自己的计划。但是真实的情况往往是,因为毛毛虫的爬行相当缓慢,当它抵达时,苹果不是被别的虫捷足先登,就是苹果已因熟透而烂掉了。

第四只毛毛虫可不是一只普通的虫,它做事有自己的规划。它知道自己要什么苹果,也知道苹果将怎么长大。因此,当它用望远镜观察苹果时,它的目标并不是一个大苹果,而是朵含苞待放的苹果花。它计算着自己的行程,估计当它到达的时候,这朵花正好长成一个成熟的大苹果,这样它就能得到自己满意的苹果了。它如愿以偿,得到了一个又香又甜的苹果,从此过着幸福快乐的日子。

第二节　掌握计划工作的程序

导入案例 3.2[①]

哈尔担任总经理将近一年了,他在审阅企业有关年终情况的统计资料时发现,情况是出乎意料的糟糕。他记得刚刚担任总经理时的第一件事,就是迅速制订了企业的一系列工作计划和目标。具体地说,他要解决企业的浪费、员工费用过高、废料运输费过多的问题,他提出了具体的要求:在一年内把购买原材料的费用降低15%~20%;把用于支付员工加班的费用从原来的13万美元减少到6万美元;把废料运输费用降低4%等。他把这些计划指标告诉了有关方面的负责人,然而年终统计资料表明:原材料的浪费比去年更严重,消耗率竟占公司费用总额的22%;职工加班费用也只降到11万美元;运输费用也没有降低。

为此,他立即召集有关人员召开会议,打算对这些情况进行通报,研究对策。在会议上,他严肃地批评了分管生产的副总经理,而分管生产的副总经理则辩解说:"我曾对员工强调过要注意减少浪费的问题,原以为员工会执行我的要求。"财务部门的负责人也附和着说:"我已为削减加班的费用做了最大的努力,只支付那些必须支付的款项。"运输方面的负责人则说:"我对未能把运输费用减下来并不感到意外,因为我们已经想尽了一切办法。我预计明年的运输费用可能要上升

---

① 李海峰,张莹.管理学基础.北京:人民邮电出版社,2015.

4%~5%。"结果,会议成了抱怨会,无法正常进行只好在与会人员的抱怨声中散会了。

会后,哈尔总经理分别与有关方面的负责人进行交谈与沟通,以消除抱怨、听取建议,他详细查阅了本企业有关的资料,具体研究本行业同类指标的水平,并组织有关部门的负责人分析企业内外的情况,论证下年度的工作计划和目标。在此基础上,哈尔总经理又把他们召集起来下达了新的计划指标,他说:"生产部门一定要把原材料消耗的费用降低10%;人事部门一定要把职工加班费降到7万美元;即使是运输费用再提高,也绝不能超过今年的标准。这是我们明年的目标,到明年年底我再看你们的结果。"与此同时,分管生产的副总经理也提出了一些具体措施、改进的方法、奖惩意见,明确了责任部门、责任人、时间进度、重点环节、协调要求等。

问题:哈尔总经理的计划工作有哪些变化?计划指标为什么下调?该如何搞好计划的执行?该企业明年的计划能够正常执行吗?

要回答这些问题,我们就要知道如何制订计划、如何有效地执行计划,只有这样才能使计划真正地发挥作用,使控制管理变成执行计划的过程。

知识点一:计划工作的程序

程序的实质是对所要进行的活动规定时间顺序。计划本身是一种重复的例常性工作,制订计划都要经过以下步骤,如图3.2所示。

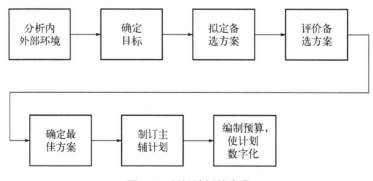

图 3.2 制订计划的步骤

一、分析内外部环境

分析内外部环境就是分析外部环境带来的机会、威胁以及组织内部的优势、劣势。环境具有不确定性,只有分析内外部环境,才能认清形势,做出正确的计划。因此,计划的第一步就是分析内外部环境,从而对未来进行预测。

二、确定目标

具体来说,就是根据分析内外部环境的结果,为整个组织、其所属的下级单位确定活动的目标,指明前进的方向。确定的目标必须说明预期的成果、工作的重点和主要任务。

三、拟订备选方案

拟订备选方案即寻找能够实现目标的途径与方法。要实现确定的目标就必须探索和考察可供选择的行动方案。这一阶段要集思广益,不怕备选方案多。

四、评价备选方案

"条条大路通罗马""殊途同归",都描述了实现某一目标有很多途径。因此,要对这些途径进行评价,在对各种备选方案进行考察并明确各备选方案的优缺点后,按预先设定的目标来权衡各种因素,看看哪种方案能够提供最佳机会,能以最低的成本实现最大的利润。

五、确定最佳方案

对备选方案的评价,就是根据满意原则确定最佳方案,即选出组织将采取的行动方针。选择时应考虑两个方面:一是可行性、满意性、可能性结合得最好的方案;二是投入产出比最高的方案。此外,还可以多选一个或几个方案备用。

六、制订主辅计划

制订主要计划就是将所选择的方案用文字形式正式表达出来,作为管理文件。计划要清楚地确定和描述"5w2h"的内容。辅助计划是指由主要计划所派生出来的计划,即对主要计划起支持性作用的计划。如工业企业,除制订产销计划外,还需制订原料采购、设备维修、人员培训等计划。

七、编制预算,使计划数字化

预算是一种以数字表示预期收支结果的报告书。编制预算,一方面,是为了使计划的指标体系更加明确;另一方面,是为了使企业更加容易对计划的执行过程进行控制,定性计划往往在可比性、可控性和奖惩方面比较差,而定量计划则更具有硬性的约束。

综上所述,计划工作就是在内外部环境分析的基础上,确定未来应达到的组织目标,并将组织目标具体化为行动方案。内外部环境的分析是计划工作的前提;目标管理是进行计划工作的主要方法和手段;决策是管理的基础,是计划工作的核心,也是管理者的首要工作。

知识点二:计划的编制方法

一、滚动计划法

管理实践中,由于环境的不断变化,在计划的执行过程中,现实情况和预想的情况往往会有较大的出入,这就需要定期对计划做出必要的修正。滚动计划法就是一种可以定期修正计划,以保证其弹性和适应性的计划方法。

滚动计划法是按照"近细远粗"的原则制订一定时期内的计划,然后根据近期计划的执行情况和环境变化,调整和修订未来的远期计划,并逐期向后移动,由此把中短期计划和长期计划结合起来的一种计划编制方法。其基本特点是编制灵活,可以适应环境的变化。图3.3是一个5年期的滚动计划编制方法。

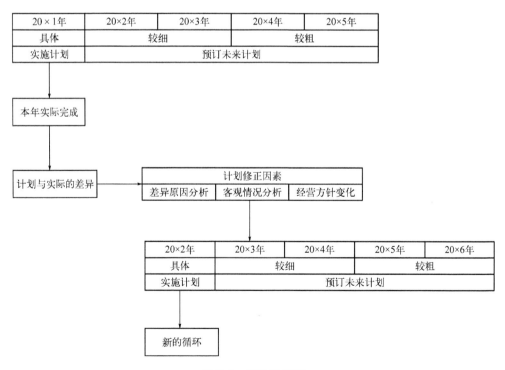

图 3.3　滚动计划法

编制滚动计划时,应考虑影响计划的各种因素,对计划进行调整和修订。这些因素统称为计划修正因素,主要有以下三个方面:

(1) 计划与实际的差异。即将计划的执行结果与原订的计划进行对比分析,找出两者间的差异,分析出现差异的原因,以此作为调整计划的依据。

(2) 客观条件的变化。客观条件包括企业的内部客观条件和企业的外部客观环境。

(3) 企业经营方针的调整。企业的经营方针是企业制订计划最根本的依据,是企业生产经营活动的行动纲领,因此,企业经营方针的调整必然影响企业计划的制订。

二、网络计划技术

网络计划技术,即计划评审技术(program evaluation and review technique, PERT),起源于 20 世纪 50 年代的美国。1958 年,美国海军武器计划处采用计划评审技术,协调了 3 000 多个承包商和研究机构以及几万种复杂的活动,使北极星潜艇系统开发工程的工期由原计划的 10 年缩短为 8 年。1961 年,美国国防部和国家航空署规定,凡承制军用品必须使用计划评审技术制订计划。从那时起,网络计划技术就开始在组织管理活动中被广泛地应用。

(一) 网络计划技术的基本原理与程序

网络计划技术的基本原理,就是把一项工作或项目分解为各种作业活动,然后根据作业顺序进行排列,通过网络图对整个工作或项目进行统筹规划和控制,以便用最少的人力、财力、物力资源以最快的进度完成工作。

网络计划技术的基本程序主要包括以下五项:

(1) 确定达到目标所需进行的活动。

(2) 将整个工程项目分解为各种独立的作业活动,形成网络事件。

(3) 确定这些作业活动的先后顺序以及需要消耗的资源,据此编制网络图。

(4) 估计完成每道作业活动所需的资源,并标在箭线的下方。

(5) 找出关键线路,由此确定总工期,编制初步方案。

(二) 网络图

网络图是网络计划技术的基础。每项任务都可以分解成多个步骤的工作,根据这些工作在时间上的衔接关系,可以用箭线表示它们的先后顺序,画出一个把各项工作相互联系起来并注明所需时间的箭线图,这个箭线图就称为网络图(图

3.3是根据表3.2绘制的一个网络图实例),它由以下几个部分构成。

(1) 活动("→")。表示的是一项工作的过程,它需要人力、物力、财力等资源,经过一段时间才能完成。箭尾表示活动开始,箭头表示活动结束。

(2) 事件("○")。事件是两个活动的连接点,称为"节点"。事件既不消耗资源,也不用时间,只表示前一活动的结束、后一活动的开始。

(3) 线路。指网络图中由始点事件开始,顺着箭头方向一直到终点事件为止,中间是由一系列节点和首尾相连的箭线组成的路径。一个网络图中往往存在多条线路。

比较各线路的路长,可以找出一条或几条最长的线路。这种线路称为"关键线路",即从始点到终点花费时间最长的线路。

关键线路上的活动称为关键活动。关键线路的路长决定了整个计划任务所需的时间。关键活动完工时间提前或推迟会直接影响整个计划任务能否按时完工。

确定关键线路和关键活动,据此合理地安排各种资源,对各种活动进行进度控制,是利用网络计划技术的主要目的。因此,网络计划技术的突出特点在于使管理工作条理分明,容易抓住工作重点进行管理控制。这是一种适用于组织活动的进度管理,特别适用于大型工程项目的生产进度安排,以达到合理安排一切可以动用的人力、财力和物力的一种计划编制、评价和审核的方法。

(三) 网络图的绘制

网络图的绘制要遵循以下几项原则:

(1) 网络图中,每一项活动只能用一条箭线表示。一般将作业活动的名称或代号标注在箭线的上方,将该项活动的作业时间(用数字表示)标注在箭线的下方。

(2) 箭线的首尾都必须有节点。节点一般要编号,以便于识别与计算。

(3) 网络图中不允许出现循环线路。

(4) 网络图中只有一个始点事件和一个终点事件。

表3.2所示为某印刷品印装过程。根据网络图绘制原则,对表3.2所示的某印刷品印装计划项目绘制网络图,得到图3.4。在该网络图中,①为始点事件节点,⑦为终点事件节点。从始点①连续不断走到终点⑦的线路有5条,即

线路一:①→②→④→⑥→⑦;

线路二:①→②→④→⑤→⑦;

线路三：①→③→④→⑥→⑦；
线路四：①→③→④→⑤→⑦；
线路五：①→③→⑤→⑦。

比较各线路的路长，5 条线路中，可以确定线路四即"①→③→④→⑤→⑦"为关键线路，总工期为 24 天。

表 3.1 某印刷品印装过程明细表

作业代号	作业名称	作业时间/天	紧后作业
A	正文印刷	4	C
B	封面、插图印刷	5	D、E
C	拆页、压页	5	F、H
D	封面、插图干燥裁切	8	F、H
E	制精装封面	5	I
F	套贴	5	G
G	配、订、包、切	5	—
H	精装书芯加工	7	I
I	上精装封面、压书	4	—

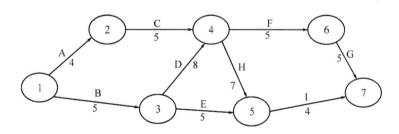

图 3.4 某印刷品印装项目网络图

第三节　掌握目标管理的内涵与基本步骤

导入案例 3.3[①]

某公司从去年7月开始实行目标管理,当时属于试行阶段,后来由于人力资源部人员的不断变动,这种试行也就成了不成文的规定执行至今,到现在运行了将近一年的时间。应该说执行的过程并不是很顺利,每个月目标管理卡的填写或制作似乎成了各个部门经理的任务或累赘,他们总感觉这浪费了他们许多时间。

每个月都是由办公室督促大家填写目标管理卡。除此之外就是一些部门存在特殊情况,例如,财务部门每个月的常规项目占所有工作量的90%,目标管理卡的内容重复性特别大;另外一些行政部门的临时性工作特别多,每个月都很难确定他们下个月的目标管理卡。

该公司的目标管理按如下几个步骤执行。

一、制定目标

(一)总目标的确定。在前一年末的职工大会上,公司总经理做总结报告,向全体职工讲明下一年的工作目标,再在年初的部门经理会议上由总经理、副总经理和各部门经理讨论协商确定该年度的目标。

(二)部门目标的制定。每个部门在前一个月的25日之前确定下一个月的工作目标,并以目标管理卡的形式报告给总经理,总经理办公室留存一份,本部门留存一份,目标分别为各项工作的权重以及完成的质量与效率,最后由总经理审批后方可作为部门工作的最后目标。

(三)目标的分解。各个部门的目标确定以后,由部门经理根据各部门内部的具体岗位职责以及内部分工协作情况进行安排。

二、目标的实施

目标的实施过程主要采取监督、督促并协调的方式,每个月月中由总经理办公室主任与人力资源部绩效主管到各个部门了解目标完成的情况,直接与各部门的负责人沟通,在这个过程中了解哪些目标进行到什么地步,哪些目标没有按规定的时间、质量完成,为什么没有完成,并督促其完成目标。

---

① 李海峰,张莹.管理学基础.北京:人民邮电出版社,2015.

三、目标结果的评定与运用

（一）目标管理卡每月首先由各部门的负责人自评，自评过程受人力资源部与办公室的监督，最后报总经理审批，总经理根据每个月各部门的工作情况，对目标管理卡或自评进行相应的调整。

（二）目标管理卡最后以考评得分的形式作为部门负责人的月考评分数，部门员工的月考评分数的一部分来源于部门目标管理卡，这些考评分数作为月工资发放的主要依据之一。但是最近，大多数部门领导反映不愿意每个月都填写目标管理卡，认为这没有必要。不过，在执行过程中，部门员工还是能够了解到本月自己应该完成的任务，而且能了解到每一项工作应该进行到什么程度。但是部门领导在最近的一次与部门员工的座谈中也了解到有的员工对本部门的目标管理卡不是很清楚，主要原因是部门的办公环境不允许把目标管理卡张贴出来（该现象在个别部门存在），这样如果部门领导每个月不对部门员工解释明白，员工根本就不知道自己的工作目标是什么，只是每个月领导叫干什么就干什么，显得很被动。

也就是说，部门领导如今不愿意进行目标管理，而且有些员工也不明白目标管理卡分解到他们那里的应该是什么。

问题：什么是目标管理？该公司的目标管理存在哪些问题？应该如何解决这些问题？

知识点一：目标的作用

目标是一个组织努力奋斗争取达到所希望的未来的状况，目标为所有的管理决策指明了方向，并且可作为标准用来评价实际的绩效。所有管理的起点都是目标，因为目标决定了我们所做的事情，事情决定了我们的任务。所有的人力、权力管理所动用的资源，都是为了配合目标，也都是为了实现目标。正因为如此，目标才成为计划的基础。

目标的作用可以简单概括为以下几个方面。

一、方向指引作用

目标使组织成员知道努力的方向和各自的任务，以便于据此安排好各项活动，具有方向指引作用。

二、激励作用

组织应使其成员认识到目标既是客观的需要，同时又是成员自己的追求。目标的激励作用表现在两个方面：一是只有明确了目标，而且该目标对组织的成员具有吸引力时，才能调动他们的积极性，并创造出最佳成绩；二是个人只有实现了目标，才会产生成就感和满足感，并实现自己的个人目标。

提示与说明：目标不能过高，高不可攀，就会使人失去信心；目标也不能过低，不需要努力就能实现的目标会使人产生惰性，失去动力。过高或过低的目标都不具有激励作用。

具有激励作用的目标应该是经过一定的努力能实现的目标，而且是实现后能给人一种成就感，使员工很想再继续往更高层次努力的目标。

目标管理不仅仅是利用目标来确保员工做他们应做的事情，也可以利用目标对员工进行激励。其吸引力在于目标管理强调了员工是为了实现他们参与制定的目标而努力工作。

三、凝聚作用

当目标能够充分体现组织成员的共同利益，每一个分目标都明确地指向总目标时，就会产生巨大的凝聚作用，大家既有明确分工，又能围绕目标密切合作，从而使组织成员迸发出奉献精神和创造力。

四、考核作用

是否完成目标是考核管理人员和员工绩效的客观标准，这样就能避免以往下级投上级所好或者说管理者凭主观意愿做事的管理误区。

只有数量化和标准化的目标才便于理解、执行、检查、考核和管理。

当然，不能忽视的是，真正可考核的目标是很难确定的，特别是有些定性目标难以量化。例如，行政人员的工作就难以量化，对人员的工作态度、敬业精神也难以量化。

知识点二：目标管理的基本思想

目标管理（Management by Objectives，MBO）是被誉为"现代管理学之父""当代管理大师"的彼得·德鲁克（1909—2005）于1954年首先提出来的，现已被世界各国广泛应用。

目标管理是以目标作为管理手段的一种管理方式。其基本思想是：让组织内各层次、各部门、各单位的管理人员，以及每个组织成员都根据总目标的需要，自己制定或者主动承担各自的工作任务,并在实现目标的过程中进行"自我控制"。目标管理的实质就是：将目标作为各项管理活动的指南,围绕目标形成组织的向心力和凝聚力,以目标实现程度和贡献大小为评价标准。

知识点三：目标管理的基本步骤

实施目标管理,一般应按以下步骤进行。

一、制定组织的整体目标和战略

首先要确定为组织全体成员所接受和认同的总目标。这个总目标一般由最高管理者负责制定,但也需要一些中基层管理人员和职工参加,为此要向员工详细说明组织所处的环境和面临的问题、总目标的内容、实现的可能性、实现后对组织的意义等,并充分听取广大员工的意见,最终达成共识。

二、在生产单位和管理部门之间分配主要的目标

最高管理者把以总目标为核心的目标体系中的各分目标分别落实到下属的各单位和部门,分解以后的目标体系必须与组织结构相吻合,使每一项目标都落到实处。

三、单位的管理者和他们的上级一起制定本部门的具体目标

在上下协调的基础上,组织各层次、各单位、各部门根据自己的职责范围制定自己的具体目标。

四、部门的所有成员参与制定自己的具体目标

各部门成员结合自己的特长和爱好,根据组织的总体目标、部门目标制定出自己的个人目标,个人目标应符合实际和组织的整体目标。

五、管理者与下级共同商定实现目标的行动计划

各个分目标制定以后,还必须从系统总体的角度进行协调,以免遗漏、重复或发生冲突,并让组织成员广泛参与制定实现目标的行动方针和计划,并给予各单位、各部门相应的权力。

六、实施行动计划

目标确定以后,组织中的各单位、各部门以及每个成员都要紧紧围绕所制定

的目标、肩负的责任、被授予的权力和权限,为实现目标而采取有效的措施,寻找有效的工作途径。

七、定期检查实现目标的进展情况,并向有关部门反馈

目标实施的过程中,一般来说,主要靠组织成员自我管理和自我控制,但是组织也必须定期检查各项工作的完成情况,以便及时发现问题,调整计划进度和管理方法,从而更有效地完成目标。

八、实施基于绩效的奖励以促进目标的成功实现

一个周期之后,组织必须与有关下级逐个检查目标任务的完成情况,并与原定目标进行比较。目标完成得好的,充分肯定其成绩,并根据完成情况给予相应的报酬和奖励;目标未完成的,要分析原因,对非人为原因造成的延迟,一般不要采取惩罚措施,重点在于总结经验教训,为组织实现更长远的目标服务。

归结起来,目标管理的基本步骤包括以下几个:

(1) 明确目标。包括上述步骤一至步骤四指的是从上至下、由下往上,民主参与制定组织总目标、部门的分目标以及个人的具体目标。

(2) 执行目标。包括上述步骤五至步骤六,首先是管理者与下级共同商定实现目标的行动计划,然后是实施行动计划,也就是在各自的职责范围内按照行动计划为实现各自的目标去努力。

(3) 检查目标。指上述步骤七,定期或不定期检查实现目标的进展情况,以便及时发现问题,调整计划进度和管理方法,从而更有效地完成目标。

(4) 实行奖惩。指上述步骤八,根据目标的完成情况进行奖惩、总结,为实现更长远的目标打好基础。

需要说明的是,如同其他管理技术一样,目标管理也有其优缺点。在推行目标管理时,除了掌握具体的方法外,还要特别注意把握工作的性质,分析其分解和量化的可能性;提高员工的职业道德水平,培养合作精神,建立、健全各项规章制度,改进领导作风和工作方法,使目标管理的推行建立在一定的思想基础和科学管理基础之上;要逐步推行,长期坚持,不断完善,从而使目标管理发挥预期的作用。

结束语:

计划职能是管理的首要职能,不管哪个层次的管理者都需要履行。在现实生

活中，管理者必须牢牢把握计划的基本程序，用科学的方法开展计划工作，一份论证充分、方案可行的计划，不仅可以节约管理者更多的时间，还可以减少浪费、争取主动。目标是计划的基础，目标管理实际上是计划实施的一种典型方法。

小 结

1. 计划工作就是通过科学的预测，权衡客观的需要和主观的可能，提出组织在未来一定时期内要达到的目标以及实现该目标的途径和方法。

2. 计划具有目的性、首位性、普遍性、效率性、创造性、动态性、时效性等特点，它是管理者指挥的依据，是降低风险、掌握主动的手段，是减少浪费、提高效益的方法，还是管理者进行控制的标准。

3. 计划按组织层次可分为高层计划、中层计划和基层计划；按涉及的期限可分为短期计划、中期计划和长期计划。

4. 计划工作的基本程序包括分析内外部环境、确定目标、拟订备选方案、评价备选方案、确定最佳方案、制订主辅计划、编制预算使计划数字化。

5. 一份完整的计划书，主要内容应该包括"5w2h"。

6. 常见的计划编制方法有滚动计划法和网络计划技术。

7. 目标管理是以目标作为管理手段的一种管理方式。其基本思想是：让组织内各层次、各部门、各单位的管理人员，以及每个组织成员都根据总目标的需要，自己制定具体目标，主动承担各自的工作任务，并在实现目标的过程中进行"自我控制"。其基本步骤可简单地归纳为明确目标、执行目标、检查目标和实行奖惩。

练 习 题

一、单项选择题

1. 狭义的计划工作是指（　　）。
   A. 制订计划　　　　　　　　B. 执行计划
   C. 检查计划的执行情况　　　D. 预测

2. 以下对计划工作描述不正确的是（　　）。
   A. 计划工作是为实现组织目标服务的

B. 计划工作具有普遍性和效率性

C. 计划工作是管理活动的基础

D. 由于环境的不确定性,所以计划再周详也是多余的

3. "虽然计划的特点和范围随管理层次不同而有所不同,但它是所有管理者的一个共同职能。"这句话说的是计划的(　　)特点。

A. 首位性　　　B. 普遍性　　　C. 效率性　　　D. 创造性

4. "计划工作总是针对需要解决的新问题和可能发生的新变化、新机会作出决定。"这句话说的是计划的(　　)特点。

A. 首位性　　　B. 普遍性　　　C. 效率性　　　D. 创造性

5. 下列各种说法中,错误的是(　　)。

A. 计划工作普遍存在　　　　　B. 计划工作居首要地位

C. 计划是一种无意识形态　　　D. 计划工作要讲究效率

6. 以下被称为数字化的计划的是(　　)。

A. 政策　　　B. 目标　　　C. 策划　　　D. 预算

7. 战略性计划一般由(　　)负责制订。

A. 操作者　　　　　　　　B. 高层管理人员

C. 中层管理人员　　　　　D. 基层管理人员

二、多项选择题

1. 以下对计划的认识,正确的有(　　)。

A. 计划不等于策划未来

B. 计划的灵活性不在于计划本身,而在于制订计划的人

C. 不管环境如何变化,计划都是必要的

D. 计划会浪费管理者一定的时间

2. 一般来说,高层计划还属于(　　)。

A. 战略计划　　B. 长期计划　　C. 战术计划　　D. 指导性计划

3. 以下说法正确的有(　　)。

A. 滚动计划法的原则是"近细远粗"

B. 滚动计划法主要用于长期计划的制订

C. 网络计划技术主要用于短期计划的制订

D. 网络计划技术特别适用于大型工程项目的生产进度安排

4. 在实行目标管理的过程中,目标的作用主要体现在它具有(　　)。

A. 方向性和激励性　　　　B. 层次性和多元性

C. 凝聚性和考核性　　　　D. 细分性和时间性

5. 以下对目标管理的描述,正确的有(　　)。

A. 注重结果而不重视过程

B. 把目标作为管理的对象

C. 把目标作为管理的手段

D. 建立在"Y理论"的人性假设基础之上

三、问答题

1. 既然"计划赶不上变化",那为什么还要制订计划?
2. 什么是计划工作?简述计划工作的基本程序。
3. 简述目标管理的基本思想和基本步骤。
4. 谈谈你对"制订一份好的计划就意味着工作完成了一半"和"执行计划就是管理"的认识与评价。

第四章

组　　织

> **学习重点**
> 1. 组织工作的基本内容和程序
> 2. 组织结构设计的内涵、任务与基本原则
> 3. 集权、分权与授权

第一节　掌握组织工作的内涵与工作程序

导入案例 4.1

鸿远公司六年来从艰难创业到成功的经历可以说历历在目,公司由初创时的几个人,发展到今天的年营业额 5.8 亿元,经营业务从单一的房地产开发拓展到以房地产为主,集娱乐、餐饮、咨询、汽车维修、百货零售等业务于一体的多元化经营。鸿远公司已经成为在全市乃至全省较有实力和较高知名度的企业。鸿远公司是中美合资企业,主营高端房地产业务,在本地市场上凭借"近水楼台先得月"的优势,很快打开了局面。随后其他业务就像变魔术似的,一个变两个、两个变四个地拓展起来,近年来公司上下士气高涨,从高层到中层都在筹划着业务的进一步发展问题。房产建筑部要求开拓铝业装修业务,娱乐部想要租车间搞服装设计,物业管理部提出经营园林花卉的设想。甚至有人提出公司应介入制造业,成立自己的机电制造中心。从公司创办以来一直担任总经理的赵弘,在成功的喜悦与憧憬中,更多了一层隐忧。在今天的高层例会上,他在会前发言中是这样讲的:"鸿远公司成立已经六年了,在过去的六年里,公司可以说经过了努力奋斗与拼搏,取得了很大的发展。但公司现在面临着许多新的问题,如管理信息沟通不及时、各部门的协调不力等,我们应该深入思考怎样进行组织设计来改变这种情况。"在会上,各位高层领导都谈了各自的想法。

主管公司经营与发展的刘副总经理加盟公司不到三年,他是管理科班出身,对管理业务颇有见地。他在会上谈道:"公司过去的成绩只能说明过去,面对新的局面必须有新的思路。公司成长到今天,机构在不断膨胀,组织层级过多,部门数量增加,这就在组织管理上出现了阻隔。例如,总公司下设五个分公司,即综合娱乐中心(下有嬉水、餐饮、健身、保龄球、滑冰等项目)、房地产开发公司、装修公司、汽车维修公司、物业公司,各部门都自成体系。公司管理层级过多,总公司有三级,各分公司又各有三级以上管理层,最为突出的是娱乐中心,其高、中、低管理层竟多达七级,且专业管理部门存在着重复设置。总公司有人力资源开发部,而下属公司也相应设置了人力资源开发部,职能重叠,管理混乱,管理效率和人员效率低下,这从根本上导致了管理成本的加大,组织效率低下,这是任何一个大公司发展的大忌。从组织管理理论角度看,一家企业发展到 1 000 人左右,就应以管理机制代替人治,企业由自然生成转向制度生成,我们公司可以说是处于这一管理制度变革的关口。过去创业的几个人、十几个人到上百人,靠的是个人的号召力,但发展到今天,更为重要的是依靠健全的组织机构和科学的管理制度。因此,未来公司发展的关键在于组织改革。我认为今天鸿远公司的管理已具有复杂性和业务多样化的特点,现有的直线职能制组织形式已不适应我公司的发展了。事业部制应是鸿远公司未来组织设计的必然选择。事业部组织形式适合我们公司这种业务种类多、市场分布广、跨行业经营管理的特点。如果整个公司按事业部制运营,有利于把专业化和集约化结合起来。当然搞事业部制不能只注意分权,而削弱公司的高层管理权力。另外,搞组织形式变革可以是突变式的一步到位,也可以是分阶段的发展式,以免给成员造成过大的心理震荡。"

创立公司的三位元老之一、主管财务的大管家陈副总经理考虑良久,非常有把握地说道:"公司之所以有今天,靠的就是最早创业的几个人不怕苦、不怕累、不怕丢饭碗,有的是一股闯劲、拼劲。一句话,这种敬业、拼搏精神是公司的立足之本。目前我们公司的发展出现了一点问题,遇到了一些困难,这应该是正常的,也是难免的。如何走出困境,关键是要加强内部管理,特别是财务管理。现在公司的财务管理比较混乱,各个分部独立核算后,都有自己的账户,总公司可控制的资金越来越少。由于资金管理分散,所以容易出问题。若真出了大问题,谁也负不了责。现在我们上新项目或维持正常经营的经费都很紧张,如若想再进一步发展,首先应做到的就是要在财务管理上集权,该收的权力总公司一定要收上来,这样才有利于公司通盘考虑,共同发展。"

高层会议上的讨论在公司的管理人员中引起了震荡,甚至有些人在考虑自己的去留问题。

问题：鸿远公司的问题出在哪儿？公司的出路在哪儿？

知识点一：组织的定义和基本内容

一、定义

和"计划"一词一样,"组织"一词也具有名词和动词两种词性。

作为名词来使用时,组织是指按照一定的目的、任务和正式结构建立起来的社会实体,如企业、政府、大学、医院等。

作为动词来使用时,组织就是指管理的一项基本职能,即组织工作,其意为：根据组织目标和计划的需要设置部门、岗位,为每个岗位配备人员,明确部门与岗位的职责、职权以及相互之间的关系。简单地讲,就是安排和设计员工的工作以实现组织目标。

二、组织工作的基本内容

从组织工作的定义来看,设计、建立并保持一种组织结构,基本上就是管理人员的组织工作的内容。具体来说,组织职能的内容包括以下四个方面：

一是设计与建立组织结构。根据组织目标设计和建立一套组织结构和职位系统,即设置部门和岗位。

二是合理分配职权与职责。确定职权关系,即确定各部门和岗位的职责、权力以及各部门、各岗位之间的关系,从而把各组织单元联系起来。

三是选拔与配置人员。为各个部门、岗位配备合适的人力资源,以保证所设计和建立的组织结构有效地运转。

四是推进组织的协调与变革。根据组织内外部要素的变化,适时地调整组织结构和人员。

知识点二：组织工作的基本程序

虽然各个组织所处的环境、采用的技术、制定的战略、发展的规模不同,所需的职务和部门及其相互关系也不同,但任何组织在进行机构和结构的设计时都有共同的基本程序,如图 4.1 所示。

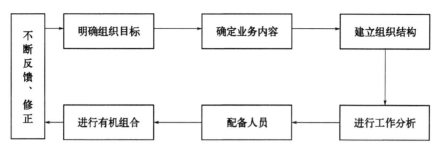

图 4.1 组织工作的基本程序

一、明确组织目标

组织目标是进行组织设计的基本出发点。任何组织都是实现其特定目标的工具,如果没有目标,组织就失去了存在的意义。因此,组织工作首要的是明确在计划工作中提出的目标。

二、确定业务内容

确定业务内容也就是分解组织目标,即依据组织目标的要求,确定为完成组织目标所必须进行的业务管理工作的内容,明确各类活动的范围界限和大概工作量,进行业务活动的总体设计,使总体业务活动程序得到优化。例如,一家企业提出生产总目标后,为了实现这一目标,就必然要对采购、技术研发、销售、人员配备、后勤保障等不同的业务加以细化。

三、建立组织结构

依据组织规模、内外环境、技术特点,借鉴其他同类组织设计的经验教训,研究应采取什么样的管理组织形式,需要设计哪些部门和岗位,并根据业务的性质、业务量的大小把性质相同或相近的管理业务工作划归适当的部门负责,建立层次化、部门化的组织结构。

把工作岗位组合到一起的方式称为部门化。通常有五种部门化的形式可供采用:根据职能组合工作岗位(如工程部、财会部、生产部、人事部、采购部);根据地区组合工作岗位(如西部地区销售部、东部地区销售部、中部地区销售部、南部地区销售部);根据产品线组合工作岗位(如公交领域、铁路领域、城轨领域,娱乐产品事业部、物理设备事业部、工业设备事业部);根据产品和客户的流动组合工作岗位(如切锯部、铣刨部、装配部、喷漆打磨部、精加工部、检验部、运输部);根据特定的、独特的顾客组合工作岗位(如零售部、批发部)。

四、进行工作分析

依据组织目标的要求,进行工作分析,以规定各部门及其负责人对其管理业务工作应负的责任以及工作绩效的考核标准;依据搞好业务工作的实际需要,赋予各部门及其负责人相应的权力;建立各种管理规范和运行制度。

五、配备人员

配备人员即依据工作分析提出的任职条件和资格,选择、配备人员,并明确其职务、职权和职责。

六、进行有机组合

进行有机组合,即通过明确规定各部门之间的相互关系,以及它们之间信息沟通、协调控制的原则、方法和手段,把各组织单元有机地组合起来,建立一个能够及时沟通协调、高效运作的管理组织系统。

七、不断反馈、修正

在组织运行过程中,根据出现的新问题和新情况,对原有组织结构及人员构成适时进行调整,使其不断完善。

第二节 理解组织结构设计的任务与基本原则

导入案例 4.2

"宇宙"冰箱厂的机构设置

某市"宇宙"冰箱厂近几年来有了很大的发展,该厂厂长周冰是个思路敏捷、有战略眼光的人,早在前几年"冰箱热"的风潮中,他已预见到今后几年中"冰箱热"会渐渐降温,变畅销为滞销,于是命该厂新产品开发部着手研制新产品,以保证企业能够长盛不衰。王教授到底如何给周厂长出谋划策的呢?原来他建议该厂再设一个生产指挥部,把李英升为副指挥长,另任命懂生产有能力的赵翔为生产指挥长,主管生产,而让李英负责抓零部件、外协件的生产和供应,这样既没有得罪上级主管部门,又使企业的生产指挥的强化得到了保证,同时又充分利用了李、赵两位同志的特长,调动了两人的积极性,解决了一个两难问题。小刘是该厂新分来的大学生,他看到厂里近来的一系列变化,很是不解,于是就去问周厂长:"厂长,咱们厂已经有了生产科和技术科,为什么还要设置一个生产指挥部呢?这不是机构重复设置吗?我在学校里学过的有关组织设置方面的知识,从理论上讲组织设置应该是'因事设人',咱们厂怎么是'因人设事',这是违背组织设置原则的呀!"周厂长听完小刘一连串的提问,拍拍他的肩膀关照说:"小伙子,这你就不懂了,理论是理论,实践中并不见得都有效。"小刘听了,仍不明白,难道是书上讲错了吗?

问题:

1. 企业应如何设置组织结构?到底应该"因事设职"还是"因职用人"?
2. 你认为王教授的建议是否合适?
3. 怎样看待小刘的疑问?

知识点一:组织结构的含义和内容

一、组织结构的含义

合理的组织结构是实现组织计划的关键。所谓组织结构,就是组织内的全体成员为实现组织目标,在管理工作中进行分工协作,通过职务、职责、职权及相互关系构成的结构体系。简单地说,组织结构是组织在职、责、权方面的动态结构体系,是组织内正式的工作安排。其本质是为实现组织战略目标而采取的一种成员间的分工协作体系,组织结构必须随着组织重大战略的调整而调整。

二、组织结构的内容[①]

一般情况下,组织结构包括纵向层次结构、横向部门结构和组织体制结构。

(一)纵向层次结构

一般来说,组织结构中的纵向层次有三个,即高、中、低三层管理职位。高层管理职位负责制定组织的总目标及实现目标的方针政策;中层管理职位负责根据组织总目标制定具体目标,执行上级政策,协调下级活动;基层管理职位则负责落实上级各项决定、政策,协调本单位的工作,因地制宜地开展活动。

(二)横向部门结构

组织结构中的横向部门结构包括五个部分,即决策机构、执行机构、参谋机

---

① 姚玉珠,臧伟.管理学.上海:上海交通大学出版社,2017.

构、监督机构和反馈机构。在组织的运行中,这些机构相互联系,形成一个系统,使管理活动成为一个不断更新的连续的完整过程。

(三) 组织体制结构

组织体制是组织结构中各层次、各部门之间组织管理关系化的一种表现形式。一般有首长制、委员会制、等级制、职能制、集权制和分权制等形式。科学合理的组织结构和体制有利于协调组织内的人际关系,有利于充分调动组织成员的积极性、创造性,有利于组织整体效率与效益的提高。

知识点二:组织结构设计的任务

当管理者创造和改变组织结构时,他们就是在进行组织结构设计。组织结构设计也就是设计组织结构,是指对一个组织结构进行规划、构造、创新或再造,以确保组织目标有效实现。由于组织结构包括横向和纵向两个方面,因此,组织结构设计的实质是对组织人员进行横向和纵向分工。

组织结构设计的任务主要包括两个方面,即提供组织结构图和编制职务说明书。

组织结构图作为组织的框架体系,决定着组织的构成,通过结构图就能知道组织有多少个部门、多少个岗位,它反映的是管理人员横纵向分工关系,如图4.2所示。

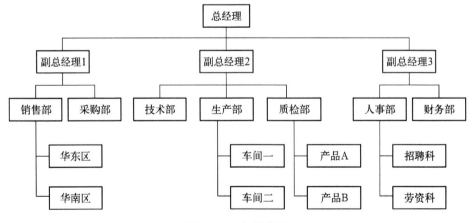

图 4.2 组织结构图

职务说明书要简单、明确地指出该岗位的工作内容、职责与权力,与其他部门和职务的关系,承担该职务的员工必备的基本素质、知识水平、工作经验、能力等。目前,在我国的许多组织内部,职务说明书还在沿袭旧的说法——岗位职责,岗位职责实际上只是职务说明书的一部分内容。

不难发现,组织结构图只能显示出组织有多少个部门和岗位,但不能显示出各个部门和岗位的职责、职权以及相互关系,只有通过职务说明书,才能知道各部门、各岗位的职责及相互之间的关系。

知识点三：组织结构设计的基本原则

在长期的企业组织变革的实践活动中,西方管理学家曾提出过一些组织结构设计基本原则,如管理学家厄威克曾比较系统地归纳了古典管理学派泰罗、法约尔、韦伯等人的观点,提出了 8 条指导原则：目标原则、相符原则、职责原则、组织阶层原则、管理幅度原则、专业化原则、协调原则和明确性原则。美国管理学家孔茨等人,在继承古典管理学派的基础上,提出了健全组织工作的 15 条基本原则：目标一致原则、效率原则、管理幅度原则、分级原则、授权原则、职责的绝对性原则、职权和职责对等原则、统一指挥原则、职权等级原则、分工原则、职能明确性原则、检查职务与业务部门分设原则、平衡原则、灵活性原则和便于领导原则。

我国企业在组织结构的变革实践中积累了丰富的经验,也相应地提出了一些设计原则,这些原则也是组织工作必须遵循的原则。

一、目标可行原则

一个组织的结构应该能够促进组织目标的实现。组织战略目标的变化会导致组织结构的变化,以确保该战略目标得以实现。

研究表明,某些组织结构设计适合某些特定的组织战略。例如,当一个组织追求有意义的独特创新时,有机式组织的灵活性和信息的自由流动性非常奏效。而当公司希望严格控制成本时,机械式组织的高效性、稳定性和严格控制十分奏效。

二、因事设职与因职用人相结合的原则

组织结构设计的根本目的是保证组织目标的实现,使目标活动的每项内容都落实到具体的岗位和部门,即"事事有人做"。因此,组织结构设计中,要首先考虑工作的特点和需要,要求因事设职、因职用人。因事设职是指根据业务(事情)的需要设置相应的职位,确保"事有人做";而因职用人指的是根据职位的需要配备适当的人(保证数量和质量),确保"事得其人"。必须说明的是,这样做并不意味着组织结构设计中可以忽视人的因素、人的特点和人的能力。

三、分工合理原则

劳动分工,即并非由一个人完成全部工作,而是将工作划分为若干步骤,由一个人单独完成其中的一个步骤。在组织内部合理分工要做到:一是要根据业务的需要来分工,确保事事有人做(不留下空当、不出现重叠),人人有事做(避免"人浮于事")。如果组织中出现了空当和重叠,即有些事情没人去干,有些事情大家争着去做,那么就会给想干事的人制造麻烦,给不想干事的人提供借口。二是要根据工作能力来分工,保证"有能力的人有机会去做他们能胜任的工作",即工作与能力相适应,确保"人得其事"。三是分工不可过细,要精简高效。虽然分工有许多优点,可以带来经济性,但过细的分工也可能带来某些负面影响,产生非经济性。因为过细的劳动分工会使工作变得高度重复、枯燥、单调,导致员工产生厌烦和不满情绪,甚至会造成缺勤、离职和工作质量下降等消极后果。四是分工不分家,要通过制度来确保分工的同时保持密切的协作。总之,分工必须合理,应以是否有利于组织目标的实现为标准。

四、统一指挥原则

除了位于组织金字塔顶部的最高领导外,组织中的所有其他成员在工作中都会收到来自上级部门或负责人的命令,根据上级的指令开始或结束、进行或调整、修正或废止自己的工作。但是,如果一个下属同时接受两个以上上级的指挥,而这些上级的指示并不总是保持一致的话,那么就会对他的工作造成混乱,如果上级们的命令互相矛盾,下属就会感到无所适从,这时,下属无论按照谁的指令行事,都有可能受到其他上级的指责。当然,如果下属足够聪明且有足够胆略,他还可以利用一位上级的命令去影响另一位上级的职责,不采取任何执行行动,但是这显然也会给整个组织带来危害。这种现象是组织结构设计中应该避免的。组织工作中不允许存在"多头领导"的现象,与之对立的"统一指挥"或"命令统一"的原则指的是组织中的任何成员只能接受一个上级的领导。

五、权责对等(相符)原则

组织中的每个部门和岗位都必须完成规定的工作,而为了从事一定的活动,都需要使用一定的人、财、物等资源。因此,为了保证"事有人做""事事都能正确地做好",不仅要明确各个部门的权限和责任,而且在组织结构设计中,还要规定相应的取得和使用人力、物力、财力以及信息等资源的权力。从各级管理机构到各级管理人员,都应该具有责任和权限,并使二者得到最佳结合,从而形成约束力量。责任是核心,组织中每个部门、每个管理人员都应对自己所从事的业务活动、所作出的决策,以及组织目标和本部门的利益负责。权限是前提,有多大的责任,就应该有多大的权限,权责必须对等。

管理有效的组织必须是权责相互制衡的。有责无权,责任就难以落实;责任大于权限,则大部分责任就会难以实现;有权无责,就会滥用职权;权限大于责任,则多余的权限就会节外生枝。因此,必须实现权责的对等。

六、精简效能原则

组织结构必须坚持精简效能原则。要精简一切可有可无的机构,剔除多余的或不能胜任工作的人员,以精简的机构、精干的人员进行低成本、高效能的运转。

机构臃肿、层次重叠、人浮于事、冗员众多是现代组织常见的问题。这必然造成相互推诿、相互扯皮、专务清谈、不讲实际、脱离群众、高高在上,从而大大降低组织的效能。坚持精简效能原则,就是要把组织机构能取消的取消、能合并的合并、能代替的代替,通过职能转变、机构压缩以及人员精简来提高组织效率。

七、有效管理幅度原则

管理幅度也称管理跨度、管理宽度,是指一名管理者直接领导的下级人员的数量。在这儿需要引起我们注意的是"直接"这个词的含义,那些间接地被管理者领导的员工不应被算在管理幅度内。例如,某公司总经理下设3个部门,每个部门设有部门经理1人,每个部门有员工15人。那么,该公司总经理的管理幅度是3,而每个部门经理的管理幅度是15人。管理幅度并不是越大越好。事实上,管理者由于受时间和精力等方面因素的限制,往往不能够直接指挥组织各方面活动。如果管理幅度过大,超出管理者的能力,就会造成组织管理的混乱;而管理幅度过小,则会造成管理费用高、资源浪费。因而需要确定一个适宜的管理幅度。影响管理幅度的因素有很多,如管理层次、管理者与下级的素质及能力、工作内容与性质、计划完善程度、工作条件、工作环境等。

(1) 管理层次。管理层次亦称组织层次,是指从组织最高管理层到基层工作人员之间职位层级的数目。管理幅度与管理层次呈反比例关系,在组织规模一定的情况下,组织层次越少,管理幅度越宽,反之,组织层次越多,管理幅度越窄。

(2) 管理者与下级的素质和能力。上下级双方素质越高、能力越强,越有利于管理,因此,管理幅度可以越大。

(3) 工作内容和性质。一般来讲,工作越复杂、越困难、越具有战略性,管理幅度越小;工作越简单、越重复、越相似,管理幅度越大。

(4) 计划的完善程度。计划越完善、越详尽周到,管理幅度就越大;反之,则管理幅度就越小。

(5) 工作条件。工作条件越好,管理越规范,相互沟通、联络越方便,管理幅度就越大。

(6) 工作环境。工作环境变化越快、越不稳定,管理幅度越小;相反,工作环境越稳定,管理幅度越大。

八、集权与分权相结合的原则[①]

企业进行组织结构设计时,既要有必要的权力集中,又要有必要的权力分散,两者不可偏废。集权是大生产的客观要求,它有利于保证企业的统一领导和指挥,有利于人力、物力、财力的合理分配和使用。而分权是调动下级积极性、主动性的必要组织条件。合理分权有利于基层根据实际情况迅速而正确地作出决策,也有利于上层领导摆脱日常事务,集中精力抓重大问题。因此,集权与分权是相辅相成的,是矛盾的统一。没有绝对的集权,也没有绝对的分权。企业在确定内部上下级管理权力分工时,应考虑的主要因素有:企业规模的大小、企业生产技术特点、各项专业工作的性质、各单位的管理水平和人员素质的要求等。

知识点四:集权与分权

一般认为,集权是指组织的决策权较多地由高层管理者集中掌握,体现的是上级的重要性;而分权则是指决策权较多地分散于组织的中低层管理者手中,由其来掌握与运用,体现的是下级的重要性。所谓决策权,指的是决定做什么、怎样做与由谁来做的权力。

一、集权与分权的优缺点

(一) 集权的优缺点

集权的优点主要体现在适度集权,有利于实现组织的统一指挥和控制,维护

[①] 姚玉珠,臧伟.管理学.上海:上海交通大学出版社,2017.

组织制度的统一性,并能促进组织的各个层次行动一致,能迅速地贯彻执行已经作出的决策以提高组织的运作效率。

然而,现代社会组织规模大型化、组织活动多样化和外部环境复杂多变的特点也使高度集权的弊端日益暴露;高度集权有可能从正确性和及时性两个方面影响决策的质量;组织决策、管理权过度集中会极大地压制组织成员的工作热情和创造性,削弱整个组织对环境变化的应变能力。

(二) 分权的优缺点

尽管存在集权,但组织中也总是存在着分权倾向的,尤其是当组织规模扩大、组织内的部门增多、现场作业活动分散时,中下层管理人员会有很强的分权要求,希望获得更多自主决策和管理的权力。适度分权可以减轻高层管理者的决策负担,提高决策质量;提高组织对环境的应变能力;调动下级的积极性。

然而,决策权力的分散也受到两个限制:一是有可能破坏组织制度的统一性,带来组织活动失控的危险。如果各层次、各部门从局部利益出发制定规则和措施,尤其是在某些原则问题上自定规矩,必然会引起某些混乱,最终损害组织的整体利益。二是基层管理人员所具备的素质和能力有限。基层管理者具备能够正确、有效运用决策权的能力时,分权才能取得好效果;否则,经常发生一些大大小的失误,只会反过来给上级主管添麻烦,影响组织目标的实现。

二、影响分权和集权程度的因素

哪些组织适合分权,又有哪些组织适合集权呢?主要考虑的因素有以下几个方面。

(一) 主观因素

(1) 管理者的个人因素。管理者的个性表现为自信、好强、独裁时,更多地表现出集权管理;如果管理者认为分权更有效,则更多地表现出分权管理。

(2) 员工的基本素质。如果组织中的员工基本素质低,则组织倾向于集权程度高。如劳动密集型企业与高新技术企业相比,劳动密集型企业更适合高度集权。

(二) 客观因素

(1) 组织规模的大小。组织规模小时,由于管理者处理的事务相对较少,组织较适合集权;如果组织规模增大,由于管理事务的增加,就需要管理者适当分权,进一步提高组织的分权程度有利于提高决策的有效性。

(2)组织制度的统一性。在保证组织制度的统一性方面,集权比分权有利。如果组织中制度统一,则集权程度高可以提高决策的有效性;如果组织中各部门的制度差别较大,则应提高组织的分权程度。

(3)组织的可控性。可控性主要指经营环境条件和业务活动性质。如果组织的可控程度高,意味着经营环境稳定,业务活动较为程序化,则组织倾向于集权程度高;如果环境变化快、业务活动灵活,则对分权的需求越强烈。一般情况下,生产部门位置相对集中、可控性好,集权程度就高;销售部门由于地理位置比较分散、可控性差,所以一般分权程度高。

(4)组织的历史。如果组织是由小到大发展而来的,一般倾向于集权;如果组织是由合并或兼并而来的,则一般倾向于分权。

知识点五:分权与授权

组织权力的分散可以通过两种途径来实现:组织设计时的权力分配,即制度分权;管理人员在工作中的授权。因此,制度分权与授权的结果是相同的,都是使较低层次的管理人员行使较多的决策权,即实现权力的分散化。

所谓制度分权,指的是在组织结构设计时或在组织变革过程中,按照工作任务的要求将一定的决策权限划分到相应的管理职位中,是由规章制度正式确认的、相对稳定的分权方式;而授权则是指管理人员在实际工作中,为调动下级的积极性和提高工作效率,将原本属于本职位的部分职权委托给向其直接报告工作的下级或某些职能部门,使他们在一定的监督之下自主解决问题、处理业务。

分权和授权的区别主要体现在以下三个方面。

一、分权具有必然性,授权具有随机性

分权是在分解工作时,根据岗位工作的需要规定给该岗位必要的职责和权限,不论是谁,只要在这个岗位上,就拥有这一权限;而授权则要根据实际工作的需要和下级的工作能力来决定,一般是管理者觉得精力有限而下级又有能力承担时才会授权。

二、分权具有相对稳定性,授权具有灵活性

分权针对的是岗位,是预先从制度上明确规定了的属于某岗位的权力,不能随便调整;授权针对的是某项工作和人,是活动过程中把一部分原本属于管理者

的权力因某项工作的需要临时或长期委任给某个下级,但可以随时调整。

三、分权是一项组织工作的原则,授权则是一项领导艺术

分权是在组织设计时对管理人员的一种纵向分工,是一项制度,一旦做出规定就必须严格执行;而授权主要在于调动下级的才干和积极性,可以灵活把握。

由于分解工作时不可能把每个岗位所需的权限规定得非常清楚,因为无法完全预料这些岗位可能发生的变化,因此,制度分权有时不能完全保证某个岗位完成工作的权限需要得到满足,这时,就需要各层次管理者在工作中通过授权来补充。所以,授权是对分权的必要补充。

第三节 了解组织结构的基本类型

导入案例 4.3

金果子公司是美国南部一家种植和销售黄橙和桃子两大类水果的家庭式农场企业,由老祖父约翰逊于 50 年前开办,农场拥有一片肥沃的土地和明媚的阳光,特别适合种植这些水果。不过,金果子公司目前规模已经发展得相当大了。杰克和儿子卡尔都感到有必要为公司建立起一种比较正规的组织结构。杰克请来了他年轻时的朋友,现在已成为一名享有较高知名度的管理咨询人员比利来帮助他们。比利指出,他们有两种选择:一是采取职能结构形式;二是按产品来设立组织结构。那么,该选取哪种组织结构设计呢?

问题:

1. 职能结构和事业部结构各有什么优缺点和适用的条件?

2. 你认为:金果子公司在经营规模扩大到要求建立起正规化的组织结构时,职能形式还是产品事业部形式对它更为合适?为什么?

3. 预想不久后该公司的规模获得进一步的迅速扩大,那么在目前选择的组织形式基础上如何调整其结构设计呢?你认为可以增加什么样的管理层次?

知识点一:直线制组织结构

一、直线制组织结构的概念和特点

直线制组织结构,又称单线型组织结构,是指组织没有职能机构,从最高管理

层到基层实行直线垂直领导。

直线制组织结构是一种最早也是最简单的组织形式。它的特点是企业各级行政单位从上到下实行垂直领导,下属部门只接受一个上级的指令,各级主管负责人对所属单位的一切问题负责任。企业不另设职能机构(可设职能人员协助主管人员工作),一切管理职能基本上都是由行政主管自己执行。以制造业为例,直线制组织结构如图 4.3 所示。

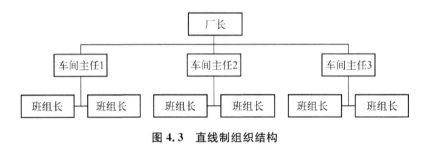

图 4.3 直线制组织结构

二、直线制组织结构的优缺点

直线制组织结构的优点是:结构比较简单、权力集中、责任分明、指挥统一、沟通简捷。缺点是:它要求行政负责人通晓多种知识和技能,亲自处理各种业务。在业务比较复杂、企业规模比较大的情况下,将所有管理职能集中到最高管理者一个人身上,最高管理者是难以承担的,也容易导致专制或者权力的滥用,同时,这种结构也会造成组织结构刻板、缺乏弹性,部门间缺乏分工与合作。

三、直线制组织结构的适用范围

直线制组织结构形式一般只适用于生产规模较小、产品单一、管理简单、业务性质单纯、没有必要按职能实行专业化管理的小型组织或者现场作业的管理。对于生产技术和经营管理比较复杂的企业而言,并不适用。

知识点二:职能制组织结构

一、职能制组织结构的概念和特点

职能制组织结构,又称作多线制组织结构,职能制组织结构的特点是采用专业分工的管理者,代替直线制组织中的全能型管理者。

职能制组织结构的主要特点是:按照专业分工设置相应的职能部门,实行专业分工管理,各职能部门在自己的业务范围内有权向下级下达命令和指示,即下级除了要服从直接上级行政领导的管理以外,还要接受上级各职能部门的管理。职能制组织结构如图 4.4 所示。

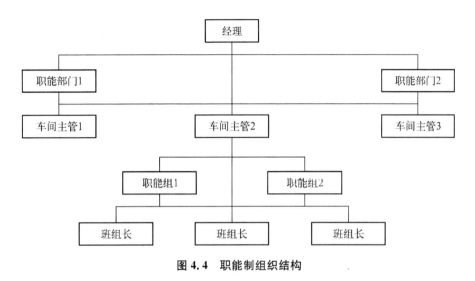

图 4.4　职能制组织结构

二、职能制组织结构的优缺点

职能制组织结构的优点是:能够适应现代组织技术复杂和管理分工细的特点,发挥职能机构的专业管理作用,减轻上层管理者的负担。缺点是:它违背了组织结构设计的统一指挥原则,容易导致多重领导,不利于明确各级管理者和职能机构的责任;在上级行政领导和职能机构的指导和命令发生矛盾时,下级会无所适从,从而影响工作的正常进行,易造成管理混乱;各部门过分强调本部门利益而忽视与其他部门的配合及组织的整体目标,加大了最高管理层监督协调整个组织的难度。

三、职能制组织结构的适用范围

职能制组织结构主要适用于中小型的、产品品种比较单一、生产技术发展变化比较慢、外部环境比较稳定的企业。

知识点三:直线职能制组织结构

一、直线职能制组织结构的概念和特点

直线职能制组织结构是指在组织内部,既设置纵向的直线指挥系统,又设置

横向的智能管理系统,以直线指挥系统为主体建立的二维组织结构。

直线职能制组织结构是一种综合直线制和职能制两种类型组织特点而形成的组织结构形式。其特点在于将组织中的管理人员划分为两类:一类是直线指挥人员,他们拥有直接指挥和命令下级的权力,并对本部门的工作负全部责任;另一类就是职能管理人员,他们是直线指挥人员的参谋,他们只能对下级机构进行业务指导,而不能直接进行指挥和命令。直线职能制组织结构把直线指挥的统一化思想和职能分工的专业化思想相结合,在组织中设置纵向的直线指挥系统和横向的职能参谋系统,因此也称直线参谋制。它与直线制组织结构的区别就在于设置了职能机构;与职能制组织结构的区别在于,职能机构只是作为直线制组织结构管理者的参谋和助手,它们不具有对下级直接进行指挥的权力。直线职能制组织结构形式如图 4.5 所示。

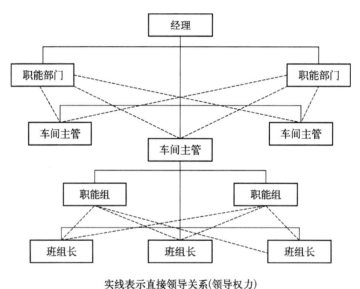

实线表示直接领导关系(领导权力)

图 4.5 直线职能制组织结构

二、直线职能制组织结构的优缺点

直线职能制组织结构保持了直线制组织结构和职能制组织结构的优点:一方面,各级管理者有相应的职能机构作为助手(参谋),以发挥其专业管理的优点;另一方面,每个管理机构内又保持了集中统一指挥。

缺点是:权力高度集中,下级缺乏必要的自主权;职能部门之间协作和配合性较差,妨碍管理工作顺利进行;信息传递较慢,难以适应环境变化。

三、直线职能制组织结构的适用范围

直线职能制组织结构是目前大中型企业和各级组织采用较多的组织结构之一,尤其适合产品品种比较简单、工艺比较稳定、市场销售情况比较容易掌握的企业。对规模较大、决策时需要考虑较多因素的组织,则不太适用。

知识点四:事业部制组织结构

一、事业部制组织结构的概念和特点

事业部制组织结构,也称分权制组织结构,即指在直线职能型组织结构框架的基础上,遵循"集中决策,分散经营"的总原则,按地区或所经营的产品、项目或地域设置独立核算、自主经营、自负盈亏的事业部的组织结构形式,首创于 20 世纪 20 年代的美国通用汽车公司。

其特点在于,每个事业部都有自己的产品和市场领域,实行分权管理;各事业部独立核算,彼此之间的经济往来要遵循等价交换原则。以某生产电池的企业为例,这种组织结构的形式如图 4.6 所示。

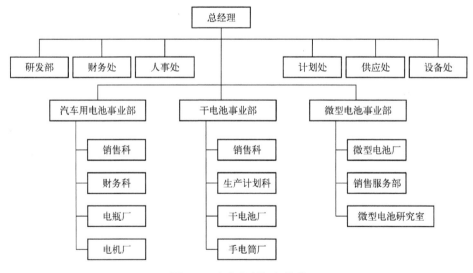

图 4.6 事业部制组织结构

二、事业部制组织结构的优缺点

事业部制组织结构的优点是:

（1）每个事业部都有自己的产品和市场，能够规划自身未来的发展，也能灵活自主地适应市场出现的新情况从而迅速应对，所以这种组织结构既有高度的稳定性，又有良好的适应性。

（2）建立事业部制组织结构，有利于最高领导层权力下放，使其能够摆脱日常行政事务和避免直接管理具体经营工作的繁杂事务，而成为坚强有力的决策机构；同时又能使各事业部发挥经营管理的积极性和创造性，从而提高企业的整体效益。

（3）事业部作为利润中心，既便于建立衡量事业部及其经理工作效率的标准，进行严格的考核，又利于评价每种产品对公司总利润的贡献大小，用以指导企业的战略决策。

（4）总部往往主要通过各事业部的业绩对其进行考核和评价，所以会在一定程度上促进各事业部之间的相互竞争，形成竞争氛围。同时，也能激发各事业部的积极性，有利于促进企业发展。

（5）各事业部自主经营，责任明确，使得目标管理和自我控制能有效地进行。在这样的条件下，高层领导人的管理幅度便可以适当扩大。

事业部制组织结构的缺点是：由于各事业部独立经营，实行独立核算，会出现一定的独立性，容易滋长本位主义。同时，在一定程度上会影响事业部之间的协作，也会阻碍事业部之间的交流沟通，不利于互相取长补短、共同发展。

三、事业部制组织结构的适用范围

事业部制主要适用于规模大、产品（或服务）品种繁多或分支机构分布区域广的现代大型企业。

知识点五：矩阵制组织结构

一、矩阵制组织结构的概念和特点

矩阵制组织结构，是指在原有直线职能制垂直领导的基础上，又建立了一个横向领导系统，使两者结合，形成一个矩阵式的组织结构形式。

矩阵制组织是为了改进直线职能制组织结构横向联系差、缺乏弹性的缺点而形成的一种组织形式。它的特点表现为围绕某项专门任务而成立跨职能部门的专门机构。例如，企业在进行新产品开发时，组成一个专门的产品（项目）小组去从事新产品的开发工作,在研究、设计、试验、制造各个不同阶段,由有关部门派人参加,以协调有关部门的活动,做到纵横结合,保证任务的完成。矩阵制组织结构的形式如图 4.7 所示。

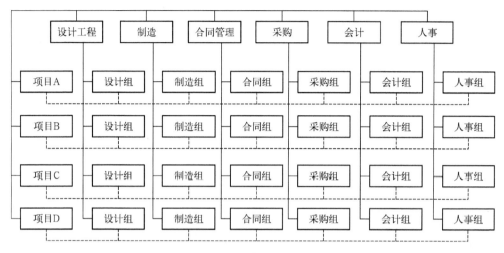

图 4.7 矩阵制组织结构

二、矩阵制组织结构的优缺点

矩阵制组织结构的优点是：矩阵制组织结构机动、灵活,可随项目的开发与结束进行组织或解散；组成新的工作小组,激发员工的工作热情；加强了不同部门之间的配合和信息交流。

矩阵制组织结构的缺点是：项目负责人的责任大于权力,因为参加项目的人员来自不同部门,隶属关系仍在原部门,所以项目负责人对他们进行管理比较困难。这种人员上的双重管理是矩阵制组织结构的先天缺陷,项目组成人员完成任务以后,仍要回原部门,因而容易产生临时观念,角色定位模糊,易产生不稳定感和迷茫感。

三、矩阵制组织结构的适用范围

矩阵制组织结构适用于经营涉及面广、产品品种丰富、临时性强的复杂的重大工程项目组织。例如一些新兴行业(电子、航天)的工程部门、研究与发展部门。

第四节 认识非正式组织

非正式组织是未经正式筹划而在人们的交往中自发形成的一种关于个人与社会的关系网络,这种关系网络并非由法定的权力机构所建立,也不是出于权力机构的要求,而是在人们彼此的交往联系中自发形成的。如知青会、校友会、钓鱼协会、桥牌协会等,都属于非正式组织。一般而言,非正式组织可以存在于任何一个群体之中,只要群体中的成员对这种组织形式有一定的需求即可。

导入案例 4.4

非正式团体产生的问题

阳贡公司是一家中外合资的集开发、生产、销售于一体的高科技企业,其技术在国内同行业中居于领先水平。阳贡公司拥有员工100人左右,其中的绝大部分技术、业务人员为近几年毕业的大学生,其余为高中学历的操作人员。目前,该公司员工中普遍存在着对公司的不满情绪,辞职率也相当高。

员工对阳贡公司的不满始于公司在筹建初期曾派遣一批技术人员出国培训。这批技术人员在培训期间结下了深厚的友谊,回国后也经常聚会。在出国期间,他们合法获得了出国人员的学习补助金,但在回国后公司领导要求他们将补助金交给公司,于是矛盾出现了。技术人员据理力争,坚决不交,双方因此僵持不下。公司领导便找这些人逐个谈话,言辞激烈,并采取了一些行政制裁措施对他们施加压力。少数几个人曾经出现了犹豫,但遭到其他人员的激烈批评,最终这批人员当中没有一个人按领导的意图行事,这导致了双方矛盾日趋激化。最后,公司领导不得不承认这些人已形成了一个非正式团体。由于没有法律依据,公司只好作罢。这件事造成的公司内耗相当大,公司领导因为这批技术人员"不服从"上级而非常气恼,对他们有了一些成见,而这些技术人员也知道公司领导对他们的看法。于是,陆续有人开始寻找机会跳槽。公司领导得知一家同行业的公司来"挖人",公司内部也有不少技术人员前去应聘。为了准确地知道公司内部有哪些人去应聘了,公司领导特意安排了两个心腹装作应聘者前去打探,并得到了前往应聘人员的名单。谁知这个秘密不胫而走,前往应聘的人员都知道自己已经上了"黑名单",于是很快相继辞职而去。

知识点一：非正式组织的基本特征

非正式组织没有正式组织机构，一般也不具备自觉的共同目标，它产生于与工作有关的联系，并由此形成一定的看法、习惯和准则，它是代表一定利益的团体。

非正式组织有以下基本特征：

一、自发性

非正式组织中共同的个人行动虽然有时也能达到某种共同的结果，但人们并不是本着有意识的共同目的参与活动的。他们只是由自然的人际交往（如以某种共同利益、观点和爱好为基础）而自发地产生交往行为，由此形成一种未经刻意安排的组织状态。

二、内聚性

非正式组织虽然没有严格的规章制度来约束其成员的行为，但它通过成员的团队意识、团队固有的规范和压力以及非正式领导者的说明和影响作用而将人们团结在一起，并产生很强的内聚性。

三、不稳定性

由于非正式组织是自发产生、自由结合而成的，因此呈现出较强的不稳定性，它可以随着人际关系的变动而发生改变，从而使其结构表现出动态的特征。

四、排他性

非正式组织内部成员之间交往较多，关系亲密，但对本组织以外的员工则比较淡漠、疏远，甚至排斥，具有明显的排他性。

知识点二：非正式组织与正式组织的关系

任何正式组织中都有非正式组织的存在，两者常常是相伴而存、相促而生的。非正式组织是伴随着正式组织的运转而形成的，在正式组织开展活动的过程中，组织成员必然发生业务上的联系，这种工作上的接触会促进成员之间相互认识和了解，他们会渐渐发现其他成员身上也存在一些自己所具有、所欣赏、所喜爱的东西，从而相互吸引和接受，并开始工作以外的联系。频繁的非正式联系又促进了他们之间的相互了解,逐步上升为友谊,一些无形的、与正式组织有联系但又独立于正式组织的小群体便慢慢地形成了。这些小群体形成以后,其成员由于工作性质相近、社会地位相当、对一些决策问题的认识基本一致、观点基本相同,或者在性格、业余爱好及感情相投的基础上,产生了一些被大家所接受并遵守的行为规则,从而使原来松散、随机性的群体渐成为趋向固定的非正式组织。

正式组织和非正式组织形成过程和目的的不同,决定了它们的存在条件也不一样。正式组织的活动以成本和效率为主要标准,要求组织成员为了提高活动效率和降低成本而确保形式上的合作,并通过他们在活动过程中的表现予以正式的物质与精神奖励或惩罚来引导他们的行为,因此维系正式组织的主要是理性原则。而非正式组织则主要以感情和融洽的关系为标准,它要求其成员遵守共同的不成文的行为规则,不论这些行为规则是如何形成的,非正式组织都有能力迫使其成员自觉或不自觉地遵守。对于那些自觉遵守和维护规则的成员,非正式组织会予以赞许、欢迎和鼓励,而那些不愿遵守和维护规则或犯规的成员,非正式组织则会通过嘲笑、讥讽、孤立等手段予以惩罚。因此,维系非正式组织的主要是接受与欢迎、孤立与排斥等感情因素。

正式组织与非正式组织的成员是交叉混合的,由于人们感情的影响,感性在许多情况下要胜于理性的作用,因此,非正式组织的存在必然会对正式组织的活动及效率产生影响。

正式组织与非正式组织共存于一个统一体内,它们之间既可能是相互排斥的关系,也可能是相互促进的关系。正式组织与非正式组织的相互排斥关系表现为两者的价值准则不同。正式组织受"效率的逻辑"支配,而非正式组织则受"感情的逻辑"支配,因此,两者之间可能会发生冲突。非正式组织在某些情况下,也有利于促进正式组织目标的实现。当非正式组织意识到正式组织的目标符合他们的利益、愿望和要求,或正式组织的管理措施得到非正式组织的赞同,或者非正式组织的领导受到正式组织的重视而愿意协作时,非正式组织就能够促进正式组织目标的实现。

知识点三:非正式组织的作用

非正式组织的存在及其活动可能会对正式组织目标的实现起到积极促进作

用,也可能对其产生消极影响。

一、非正式组织的积极作用

(一) 可以满足组织成员的需要

非正式组织是自愿性质的组织,其成员甚至是无意识地加入进来的,他们之所以愿意成为非正式组织的成员,是因为这类组织可以给他们带来某些需要上的满足。例如,工作中或作业间的频繁接触以及在此基础上产生的友谊,可以帮助成员消除孤独的感觉,满足其"被爱"以及"施爱心于他人"的需要;基于共同的认识或兴趣,对一些共同关心的问题进行谈论甚至争论,可以帮助成员满足"自我表现"的需要;从属于某个非正式群体这个事实本身,可以满足成员"归属""安全"的需要等。组织成员的许多心理需要是在非正式组织中得到满足的。而我们知道,这类需要能否得到满足,对人们在工作中的情绪状态乃至效率都有着非常重要的影响。

(二) 增强团队精神

人们在非正式组织中的频繁接触会使相互之间的关系更加和谐、融洽,从而易于产生和加强合作精神。这种非正式的协作关系和精神如能带到正式组织中来,则无疑有利于促进正式组织的活动协调进行。

(三) 促进组织成员成长

非正式组织虽然主要是发展一种业余的、非工作性的关系,但是它们对其成员在正式组织中的工作情况也往往是非常重视的。对于那些工作中的困难者、技术不熟练者,非正式组织中的伙伴往往会自发地给予指导和帮助。同伴的这种自发、善意的帮助,可以促进被帮助者技术水平的提高,从而对正式组织成员起到一定的培训作用,促进组织成员的成长。

(四) 维护正式组织正常的活动秩序

就像对环境的评价会影响个人的行为一样,社会的认可或批评也会左右非正式组织的行为。非正式组织为了群体的利益,为了在正式组织中树立良好的形象,往往会自觉或自发地维护正式组织正常的活动秩序。虽然有时也会出现非正式组织的成员犯了错误互相掩饰的情况,但为了不使整个群体在公众中留下不受欢迎的印象,非正式组织对那些严重违反正式组织纪律的害群之马,通常会根据自己的规范并利用自己特殊的形式予以惩罚。

(五) 保障组织成员的权益

我国经济的快速发展也带来了大量过去所没有的、复杂的劳资关系和劳资纠纷。非正式组织往往能以职工利益代表者的身份出现,维护劳动者的合法权利,在一定程度上弥补在改革开放和社会经济快速发展过程中出现的某些失衡。

二、非正式组织的消极影响

(一) 可能与正式组织产生冲突

非正式组织的目标如果与正式组织的冲突,则可能会对正式组织的工作产生极为不利的影响。例如,正式组织力图利用成员之间的竞赛以达到调动积极性、提高效率与效益的目的,而非正式组织则可能认为竞赛会导致竞争,会造成非正式组织成员不和,从而会抵制竞赛,阻碍和破坏竞赛的开展,其结果必然是影响组织竞赛的顺利开展。

(二) 可能束缚组织成员的发展

非正式组织要求成员一致性的压力,往往也会束缚成员的个人发展。有些人虽然有过人的才华和能力,但非正式组织一致性的要求可能不允许他"冒尖",从而使个人才智不能得到充分发挥,组织的改革不能持续,这样便会影响整个组织工作效率的提高。

(三) 可能影响组织的变革

非正式组织的压力还会影响正式组织的变革,增强组织的惰性,这并不是因为所有非正式组织成员都不希望改革,而是因为其中大部分人害怕变革会改变非正式组织赖以生存的正式组织的结构,从而威胁非正式组织的生存。

知识点四:正确对待非正式组织

不管我们承认与否、允许与否、愿意与否,非正式组织总是客观存在的,它对正式组织的正、反两方面的作用也客观存在。要想有效实现正式组织的目标,就要充分发挥非正式组织的积极作用,努力克服和消除它的不利影响。

一、允许存在,谋求吻合

组织要认识到非正式组织存在的客观必然性和必要性,允许乃至鼓励非正式组织的存在,为非正式组织的形成创造条件,并努力使之与正式组织吻合。例如,正式组织在进行人员调配工作时,可以考虑把性格相投、有共同语言和兴趣的人安排在同一部门或相邻的工作岗位上,使他们有频繁接触的机会,这样就容易使两种组织的成员构成基本吻合。又如,在正式组织开始运转以后,可以开展一些必要的联欢、茶话会、旅游等旨在促进组织成员间感情交流的联谊活动,为他们提供业余活动的场所,在客观上为非正式组织的形成创造条件。

促进非正式组织的形成,有利于正式组织效率的提高。人通常都有社交的需要,如果一个人在工作中或工作之后没有与别人接触的机会,则可能心情烦闷,感觉压抑,对工作不满,从而影响效率;相反,如果能有机会经常与别人聊聊对某些事情的看法,谈谈自己生活或工作中遇到的障碍,甚至发发牢骚,那么就容易卸掉精神上的包袱,以轻松、愉快、舒畅的心理状态投入工作。

二、积极引导,不断规范

要通过建立和宣传正确的组织文化来影响非正式组织的行为规范,引导非正式组织作出积极的贡献。非正式组织形成以后,正式组织既不能利用行政手段或其他强硬措施来干涉其活动,也不能任其自由发展,因为这样有产生消极影响的危险。因此,对非正式组织的活动应该加以引导,这种引导可以通过借助组织文化的力量影响非正式组织的行为规范来实现。

如果说合理的结构、严格的等级关系是正式组织的专有特征的话,那么组织文化则有可能被非正式组织所接受。正确的组织文化可以帮助非正式组织树立正确的价值观和对工作、生活的态度,从而有利于产生符合正式组织要求的非正式组织的行为规范。

小 结

1. 组织工作就是根据组织目标和计划的需要设置部门、岗位,为每个岗位配备人员,明确部门与岗位的职责、职权以及相互之间的关系。其基本程序为:明确组织目标,确定业务内容,建立组织结构,进行工作分析,配备人员,进行有机组合,不断反馈、修正。

2. 组织结构本质上是组织成员间的分工协作关系。组织结构设计的实质是对组织人员进行横向和纵向分工。其任务主要是提供组织结构图和编制职务说明书。组织结构设计应遵循目标可行、因事设职与因职用人相结合、分工合理、统一指挥、权责对等(相符)、精简效能、有效管理幅度等基本原则。

3. 管理幅度也称管理跨度、管理宽度,是指一名领导者直接领导的下级人员的数量。影响管理幅度的因素主要有管理层次、管理者与下级的素质及能力、工作内容与性质、计划的完善程度、工作条件、工作环境等。

4. 集权是指组织的决策权较多地由高层管理者集中掌握；而分权则是指决策权较多地分散于组织的中低层管理者手中，由其来掌握与运用；授权则是指管理人员将属于本职位的部分职权，委托给向其直接报告工作的下级或某些职能部门。

练习题

一、单项选择题

1. 确保"事有人做，人有事做，事得其人，人得其事"，这是管理职能中的(   )。

   A. 计划工作　　　B. 组织工作　　　C. 领导工作　　　D. 控制工作

2. 某企业总经理下设两个副总经理，每个副总经理下设三个部门经理，每个部门有6名员工，则该总经理和每个副总经理的管理幅度分别是(   )。

   A. 2人和3人　　　　　　　　B. 5人和6人

   C. 11人和9人　　　　　　　D. 5人和6人

3. 组织设计的主要任务是(   )。

   A. 设计组织结构、划分部门和确定职权

   B. 职务设计与部门划分

   C. 提供岗位说明书和工作流程

   D. 提供组织结构系统图和编制职务说明书

4. (   )是指根据业务(事情)的需要设置相应的职位，确保"事有人做"。

   A. 因职用人　　　B. 因事设职　　　C. 分工合理　　　D. 权责对等

5. 制度分权与授权的结果都是使(   )的管理人员行驶(   )的决策权。

   A. 较低　较少　　B. 较低　较多　　C. 较高　较少　　D. 较高　较多

6. 某总经理把产品销售的责任委派给一位主管经营的副总经理，由其负责所有地区的经销办事处，但同时总经理又要求各地区经销办事处的经理们直接向总会计师汇报每天的销售数字，而总会计师也可以直接向各经销办事处经理们下指令。总经理的这种做法违背了(   )。

   A. 分工合理原则　　　　　　B. 统一指挥原则

   C. 精简效能原则　　　　　　D. 因职用人原则

7. 下列组织中,最适宜采用矩阵式组织结构的是( )。

 A. 医院   B. 学校

 C. 电视剧制作中心   D. 汽车制造

8. 正式组织具有极强的稳定性,这一说法( )。

 A. 正确   B. 错误

9. 非正式组织主要依靠( )维系运转。

 A. 感情   B. 业务   C. 组织任命   D. 理性

二、多项选择题

1. 集权的优点包括( )。

 A. 有利于实现组织的统一指挥和控制

 B. 减轻高层管理者的决策负担,提高决策质量

 C. 维护组织制度的统一性

 D. 促进组织的各个层次行动一致

 E. 迅速地贯彻执行已经作出的决策以提高组织的运作效果

2. 影响分权和集权的因素包括( )。

 A. 组织规模的大小   B. 员工的基本素质

 C. 管理者的个性   D. 组织的历史

 E. 组织制度的统一性

3. 以下哪些组织是非正式组织( )。

 A. 合唱团   B. 校友会   C. 工会   D. 后勤处

 E. 粉丝团

4. 非正式组织的积极作用有哪些?( )

 A. 可以满足职工的需要   B. 增强团队精神

 C. 促进组织成员的成长   D. 维护正式组织正常的活动秩序

 E. 保障员工权益

5. 非正式组织的基本特征有哪些?( )

 A. 自发性   B. 排他性   C. 不稳定性   D. 内聚性

 E. 合法性

三、问答题

1. 什么是组织工作?简述组织工作的基本程序。

2. 事业部制组织结构的优缺点是什么?

3. 组织结构设计的基本原则有哪些?
4. 分权和授权的区别有哪些?
5. 如何对待非正式组织?
6. 非正式组织的消极影响有哪些?

第五章

控制与协调

> **学习重点**
> 1. 控制的原则
> 2. 控制的基本过程
> 3. 控制的重点对象
> 4. 控制技术
> 5. 协调的原则
> 6. 协调的形式与方法

第一节 理解控制的内涵与基本过程

导入案例 5.1

经过长达 15 年的精心准备,耗资 15 亿美元的哈勃太空望远镜终于在 1990 年 4 月发射升空。但是,美国国家航空航天局(NASA)发现望远镜的主镜片存在缺陷。由于直径达 94.5 英寸(约 2.4 米)的主镜片的中心过于平坦,导致成像模糊。因此望远镜对遥远的星体无法像预期那样清晰地聚焦,结果造成一半以上的实验和许多观察项目无法进行。更让人觉得可悲的是,如果之前有一点更细心的控制,这些是完全可以避免的。

镜片的生产商珀金埃尔默公司使用了一个有缺陷的光学模板去生产如此精密的镜片。具体原因是,在镜片生产过程中,进行检验的一种无反射校正装置没设置好。校正装置上的 1.3 毫米的误差导致镜片被研磨、抛光成了误差形状。但是没有人发现这个错误。具有讽刺意味的是,与其他许多 NASA 项目所不同的是,这一次并没有时间上的压力,而是有足够充分的时间来发现望远镜上的错误的。实际上,镜片的粗磨在 1978 年就开始了,直到 1981 年才抛光完毕,此后,由于

"挑战者号"航天飞机的失事,完工后望远镜又在地上待了两年。NASA 负责哈勃望远镜项目的官员对望远镜制造中的细节根本不关心。事后 NASA 一个由 6 人组成的调查委员会的负责人说,"至少有三次明显的证据说明问题的存在,但这三次机会都失去了"。

知识点一:控制的含义及重要性

一、控制的概念

管理中的控制可以定义为:组织按照计划衡量计划执行过程中的各类活动和纠正计划执行中的偏差,以保证计划目标实现的过程。

二、控制的作用

依据控制的定义,可以将控制的作用归纳为两个方面:

(一)防止和纠正偏差的发生

计划在执行过程中,需要不断检查是否按照预定的目标前进,及时发现偏离目标的一切行动,并给予纠正。

(二)修改原定计划

组织受到内外界环境变化的影响,原计划已经不可能实现,必须对原计划做出适宜的修改以实现组织的目标。

> **案例**
>
> **麦当劳管理活动中的控制**
>
> 麦当劳(McDonald's)公司通过详细的程序、规则和条例规定,使分布在世界各地的所有麦当劳分店的经营者和员工都遵循一种标准化、规范化的作业。麦当劳公司对制作汉堡包、炸土豆条、招待顾客和清理餐桌等工作都事先进行了翔实的动作研究,用以指导各分店管理人员和一般员工的行为。公司在芝加哥开办了专门的培训中心——汉堡包大学,要求所有的特许经营者在开业之前都要接受为期一个月的强化培训,确保公司的规定得到准确的理解和认真的贯彻执行。
>
> 为了确保麦当劳公司所有的特许经营分店都能按统一的要求开展活动,麦当劳公司总部的管理人员经常走访、巡视世界各地的分店,进行直接的监督和控

制。例如,有一次巡视中心发现一家分店自作主张,在店厅里摆放电视机和其他物品以吸引顾客,这种做法因与麦当劳公司的风格不一致,立即得到纠正。

除了进行直接控制以外,麦当劳公司还定期对各分店的经营业绩进行考核。为此,各分店要及时提供有关营业额和经营成本、利润等方面的信息,这样总部管理人员就能及时把握各分店经营的动态和出现的问题,以便商讨和采取改进的对策。

麦当劳公司的例子告诉我们,控制在管理活动中的作用是多么重要!

的确,一项工作无论计划做得多么完善,目标制定得多么切合实际,在没有实现之前它只是文字上的、观念上的东西,而在实现目标和执行计划的过程中,总会出现意想不到的情况,这是因为制定目标时不可能考虑得十全十美,而且环境的变化无法准确预测和把握,在执行计划的过程中也总是会出现这样那样的岔子。为了保证工作按照既定的计划进行,就必须运用各种控制手段,对实施过程中的实际工作进行监控、比较和纠正,使实际工作与目标保持一致。

三、控制的特点

(一) 目的性
控制紧紧围绕组织的目标,保证一切活动都是为了实现组织的目标。

(二) 整体性
控制活动的主体是组织内的全体成员,控制对象包含了组织内的一切活动。

(三) 动态性
实现组织的目标是一系列活动的过程,控制伴随着这些过程,必然是一个动态的过程。

财务控制是绩效控制的有效工具[①]

华都钢铁公司(简称"华钢")是我国于1978年开始筹建的一家现代化大型钢铁联合企业。1985年9月华钢企业建成投产后,98%以上的产品被纳入国家指令性计划,并按国家的订货合同组织生产。企业的主要任务就是完成国家下达

---

① 杨跃之.管理学原理.2版.北京:人民邮电出版社,2016.

的生产计划,这一时期华钢的管理和控制工作基本上以生产为中心。

1990年,华钢在一期工程全面达标、二期工程负荷试车成功之际,提出了"20世纪末把华钢建成世界一流的现代化钢铁企业"的口号,1991年又获批准成立华钢集团国际经济贸易总公司。此后,华钢有了部分经营自主权,国家指令性计划的比例逐年下降,到1995年时降为37%,并且获得了指令性计划以外产品的定价权和自制产品的出口权。在国内外市场竞争中,华钢的管理逐步由单纯的生产型向生产经营型转变,并提前5年实现了20世纪末达到"高质量、高效率、高效益、创世界一流"的奋斗目标。

华钢在推行生产经管型管理模式的过程中,于1993年提出了企业管理要以财务为中心的设想,充分发挥财务在各种经营活动中的引导和控制作用,以确保企业经营管理目标的实现。

四、控制的必要性

(一) 组织环境不确定

组织所处的环境是动态变化的,原先设定的目标与计划是按照假定的环境设计的,但是环境的变化很可能与设想的环境之间存在偏差。

(二) 组织活动的复杂性

组织活动是由一系列活动构成的,这些活动之间存在着复杂的相互依赖与相互制约的关系。可能从局部看,某些活动是合理的,但可能会对其他活动产生重大影响,从实现组织的目标来看是不合理的。

(三) 管理失误

管理者在管理上可能存在各种各样的决策失误,为了避免失误造成的危害越来越大,需要及时检查对组织目标与计划的偏离程度。

(四) 员工能力差异

组织的各项活动因执行者的能力差别,会存在不同。通过设定一定的标准,可以鼓励先进鞭策后进,从而提高工作效率与组织的竞争力。

五、控制与其他管理职能的关系

(一) 控制与计划

计划是控制的前提,没有计划的控制是毫无意义的,控制是计划目标实现的保证。控制贯穿于计划执行的每个阶段,计划为控制工作提供标准。上一阶段控制的结果是下一阶段计划的基础,使管理工作成为一个闭环系统,成为一个连续的过程。

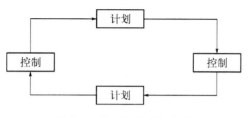

图 5.1　计划与控制的关系

(二) 控制与组织

控制要求组织给予一定的保证。在设计组织的结构时,需要给控制功能建立合理的组织,配置合适的资源。同时一个组织良好的运行不能只靠组织结构激发员工按照有利于组织目标的方式工作,控制给予管理者激励员工按组织目标努力的手段,并为管理者提供有关组织及其成员完成任务的具体反馈。

(三) 控制与领导

领导职能的发挥影响控制系统的建立和控制工作的质量。控制职能的发挥有利于改进领导者的领导工作,提高领导的工作效率。

知识点二:控制的基本类型

一、预先控制

预先控制又称前馈控制,是在某项工作开始之前进行的控制,即根据以前的经验教训或通过科学分析,在工作开始之前对工作中可能产生的偏差进行预测和估计并采取防范措施。预先控制可以防患于未然,并且控制是对事不对人,易于为员工所接受。但是确定未来可能产生偏差的地方,需要进行大量的信息分析,采用的控制方法可能并不适用,同时加大了控制成本。

现实生活中的预先控制的实例,如学生上课之前预习及对员工进行岗前培训。

二、现场控制

现场控制又称同期控制,是在某项工作过程中进行的控制。最常见的现场控制是直接监督,即管理者对正在进行的活动给予指导和监督。现场指导有助于提高工作人员的工作能力,控制的执行及时可以迅速纠偏,纠偏方法具有针对性可有效节约控制成本。但是受管理者时间、精力和业务水平的制约不能对所有的活动都给予现场指导与监督,所以应用范围窄,同时在纠偏过程中易引起控制者与被控制者之间的矛盾。

现实生活中的现场控制的实例,如教师在课堂上提问及工作进度检查。

三、事后控制

事后控制又称反馈控制,是在某项工作之后检查工作的结果,并将其作为改进下次行动的依据,是最主要的控制方式。对于周期性或程序性的活动,事后易于确定偏差,可以找出偏差产生的原因,避免再发生类似问题,可以消除偏差对后续活动的影响,有利于帮助总结经验教训,为下一轮工作提供正确的方法。但是事后控制无法弥补前期的损失,只能"亡羊补牢",并且事后控制存在滞后期,对偏差纠正的效果会产生影响。

现实生活中的事后控制实例,如学生课程考试、员工工作质量检查。

预先控制、现场控制、事后控制的关系如图5.2所示。

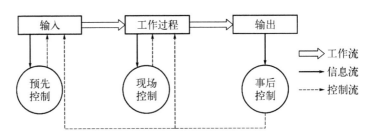

图5.2 预先控制、现场控制和事后控制

案例

扁鹊治病

魏文王曾求教于名医扁鹊:"你们家兄弟三人,都精于医术,谁是医术最好的呢?"扁鹊:"大哥最好,二哥差些,我是三人中最差的一个。"

魏文王不解地说:"请你介绍得详细些。"

扁鹊解释说:"大哥治病,是在病情发作之前,那时候病人自己还不觉得有病,但大哥就下药铲除了病根,使他的医术难以被人认可,所以没有名气,只是在我们家中被推崇备至。我的二哥治病,是在病初起之时,症状尚不十分明显,病人也没有觉得痛苦,二哥就能药到病除,使乡里人都认为二哥只是治小病很灵。我治病,都是在病情十分严重之时,病人痛苦万分,病人家属心急如焚。此时,他们看到我在经脉上穿刺,用针放血,或在患处敷以毒药以毒攻毒,或动大手术直指病灶,使重病病人病情得到缓解或很快被治愈,所以我名闻天下。"

魏文王大悟。

知识点三：控制的原则

一、关键点原则

控制要抓住重点,抓住影响组织目标实现的主要活动,以点带面达到防止和纠正偏差的发生。

二、适宜性原则

控制采用的方法与手段应与组织相适应,与计划相适应,因地置宜地选择合适的控制方法。

三、例外原则

对于计划实施中出现的"特别好"与"特别差"的情况,控制者应给予重点关注。

四、灵活性原则

控制活动是一个动态的过程,必须根据控制对象、环境设定相应的检查、衡量的标准,而这些标准不是一成不变的,应具有灵活性。

五、效益性原则

控制活动需要消耗组织的资源,也需要考虑投入与产出的效益。

六、全局性原则

控制是围绕组织的目标开展的,应从全局的视角检查组织的活动是否朝着既定的目标前进,而不是钻牛角尖式的特殊针对组织的部分行动。

七、自我控制原则

组织应鼓励员工进行自我控制,发挥员工的主动性与责任心,也可以有效降低控制的成本。

> **案例**
>
> **会议的成本分析对效率的提升**
>
> 日本太阳公司为提高开会效率,实行开会成本分析制度。每次开会时,总是把一个醒目的会议成本分配表贴在黑板上。成本的算法是:会议成本=每小时平均工资的3倍×2×开会人数×会议时间(小时)。公式中平均工资之所以乘3,是因为劳动产值高于平均工资;乘2是因为参加会议要中断经常性工作,损失要以2倍来计算。因此,参加会议的人越多,成本越高。有了成本分析,大家的开会态度就会慎重,会议效果也十分明显。

知识点四:控制的基本过程

一、制定控制标准

制定标准是进行控制的基础,没有标准就无法衡量一项活动是否存在偏差与偏差程度。面对不同的控制对象,设定的标准与设定标准的方法也不一样。可以从定量与定性两个方面设定标准。对于活动结果易于准确测量的可以采用定量标准,不易准确测量的可以采用定性标准。为了使定性标准便于使用,尽可能采用一些可度量的方法。例如,对于设定电影质量标准,可以通过观影评价来测量。

在制定控制标准时,首先要确定控制对象,组织目标是需要控制的重点对象,要对它们进行明确的、尽可能量化的描述。影响组织目标实现的各种因素,也要列为需要控制的对象,如关于环境特点及其发展趋势的假设、组织的活动(过程因素);对于控制对象,要从中选择关键控制点,如获利能力、市场地位、生产率、产品领导地位、人员发展、员工态度、公共责任、短期目标和长期目标的平衡,以确保有限的资源发挥最大的效益。

二、对照标准评价工作绩效

依据控制标准收集必要的信息,对照标准衡量实际工作成绩,从中发现工作是否出现偏差。一般情况下,对于不同的控制内容可以采用不同的方法获得相关信息。常用的方法有个人观察、抽样检查、口头报告、书面报告、审计等方法。管理者在衡量工作成绩的过程中还应注意检查标准的客观性和有效性,评价时要注意评价的时间与频度,尽量减少对正常工作的影响。通过建立高效的信息管理系统获得准确的工作流程与结果数据,是比较理想的方式。

三、纠正偏差

对照控制标准,测算出偏差并对偏差进行分析。不是所有的偏差都会影响组织的目标,有些偏差虽然存在,但是纠正偏差付出的成本很大,而产生的收益很小,得不偿失,可以不予纠正,只需要发现关键性的偏差,严重影响组织目标的实现及给组织带来严重危害的偏差才需要纠正。例如有些偏差可能是偶然性因素造成的暂时性的轻微偏差,可以纠正。确定需要纠正的对象之后,应当选择适当的纠正措施。对于实际工作偏差造成的问题,控制的方法主要是纠偏,即通过加强管理和监督确保工作与计划和标准一致;对于发现计划目标或标准不切合实际,控制工作则主要是按照实际情况修改计划、目标或标准。

控制的反馈回路如表5.3所示。

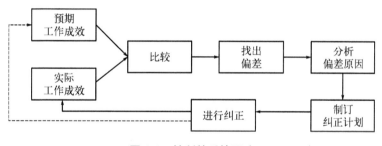

图5.3　控制的反馈回路

> **案例**

美国联合邮包服务公司的控制管理

美国联合邮包服务公司(UPS)雇佣了15万员工,平均每天将900万个包裹发送到美国各地和180个国家和地区。为了实现他们的宗旨,"在邮运业中办理最快捷的运送",UPS的管理当局系统地培训了他们的员工,使他们以尽可能高的效率从事工作。UPS的工业工程师们对每一位司机的行驶路线进行了时间研究,并对每种送货、暂停和取货活动都设立了标准。这些工程师们记录了红灯、通行、按门铃、穿院子、上楼梯、中间休息喝咖啡的时间,甚至上厕所的时间,将这些数据输入计算机中，从而给出每一位司机每天的详细工作时间标准。为了完成每人每天取送130件包裹的目标，司机们必须严格遵循工程师设定的程序。当他们接近发送站时，便松开安全带，按喇叭，关发动机，拉起手刹，把变速器推到1挡上，为送货完毕后的启动离开做好准备，这一系列动作严丝合缝。然后，司机从驾驶室出溜到地面上，右臂夹着文件夹，左手拿着包裹，右手拿着车钥匙。他们看一眼包裹上的地址就记在脑子里，然后以每秒3英尺的速度快步跑到顾客的门前，先敲一下门以免浪费时间找门铃。送完货后，他们在回到卡车上的路途中完成登录工作。

第二节 了解控制的重点对象和方法

导入案例5.2

专业生产新型管材的杭州D公司这些年业务发展十分迅速，从1989年只有10多人替别人加工管件靠3万元起家的私营小厂，到10年后发展为拥有4个分公司、500多名员工的专业新型管材生产企业，业务遍及全国近20个省市。1998年，D公司的管材销售额达到4亿元。1999年年初，公司制订了管材销售额年均增长12%的五年发展计划，当年，公司的管材实际销售额达到了4.5亿元。

2015年年初，公司董事长林叶发现，当年完成10亿元的销售额是没有问题的，但是，公司的运营成本也在急剧上升，欠款现象和数额也日益严重，2015年的利润完成情况可能不理想。一个特别严重的问题是，公司的维修服务跟不上，来自新老客户的抱怨不断增加，许多客户以此为由拖延付款。

2015年7月，媒体报道了D公司在某自来水工程中的质量事故。同时，令林叶意想不到的是，新招进来不足一年的12名大学生集体辞职了，和他一同患难起家的销售副总和技术副总也因接受了另一家竞争对手的聘请而递交了辞呈。

林叶不得不担心公司的未来：难道真的像人们所描述的，小公司辛辛苦苦地做成了大公司，很可能会迅速衰败？

问题：从控制工作的角度来看，D公司的问题出在哪里？林叶怎样做才有可能扭转公司的不利局面呢？

知识点一：控制的重点对象

对于组织，需要控制的对象很多，但是控制的资源是有限的，因此需要确定控制的重点对象。一般而言，员工绩效、财务、产品/服务质量、组织绩效、安全、信息是每个组织控制的重点。

一、员工绩效

组织目标的实现需要依靠每一个员工。确保员工按照管理者设定的工作方式和努力程度，保质保量地完成工作是控制工作的目标。将员工绩效作为控制重点，给每一个员工树立一个行动目标与标准，可以有效地激励员工的工作动力与潜力。采用员工绩效作为控制的重点，首先要注意设置的控制标准应符合实际，过高与过低的标准都会挫伤员工的积极性。绩效评价应及时反馈给员工，帮助员工及时纠正行为偏差。采取必要的纪律处罚，保证控制的强制性。

二、财务

组织的运行伴随着资金的流动，应加强对财务的控制，严格控制资金的使用可以有效地避免浪费，降低成本费用，提高效益。通过财务控制可以为预算控制、成本控制、库存控制等提供明确的控制标准，有利于控制工作的开展。

三、产品/服务质量

组织生存与发展依靠的是提供满足社会需要的产品或服务，而产品与服务质量是组织的生命线。建立全面的质量控制体系，是保证产品/服务质量的关键。全面质量管理要求组织的全体员工都参与到产品与服务的生产过程中，将质量控制贯穿于组织活动的全过程。

四、组织绩效

组织的目标通过组织绩效体现出来，是控制工作最根本的标准。将组织的目标转化为可度量的组织绩效，绩效往往由一系列的指标构成，这些指标之间存在着一定的因果关系。控制不是单纯地追求实现某一指标，而是保证整体绩效符合目标。组织的绩效控制标准有生产率、产量、销售额、利润、顾客满意度、员工培训与能力等。

五、安全

安全控制是指对组织活动过程中的人身和财产安全的控制,包括人身安全、财产安全、生产安全等内容。安全对组织员工的士气、组织的公共关系都有极大的影响。安全虽然不产生效益,但可避免大量的损失,对于一些特殊的行业,如航空运输业、化工业,安全控制应放在首位。

六、信息

管理离不开决策,而正确的决策离不开信息。准确的信息是保证管理者进行决策的基础。组织还存在一些重要秘密,如果泄露会给组织带来巨大的损失。加强信息控制,保证组织信息的质量与安全,是组织良好运行的保证。

知识点二:常见的控制技术与方法

一、预算控制

预算就是以数字,特别是以财务数字的形式来陈述组织中的短期活动计划,它预估了在未来特定时期内的收入和现金流量,也规定了各部门或各项活动在资金、劳动、材料、能源等方面的支出额度。预算控制是将事实和计划进行比较,确认预算的完成情况,找出差距并进行弥补,以实现对组织资源的充分合理利用。

(一)预算控制种类

1. 刚性预算

刚性预算是指在执行过程中变动余地很小的预算。该预算控制性强,环境的适应性差,不利于发挥执行人的积极性。常见的刚性预算是控制上限或控制下限的预算,如要求严格执行的财政支出预算和财政收入预算等。

2. 弹性预算

弹性预算指预算指标有一定的调整余地,执行人可灵活地执行预算。这种预算的控制力稍弱,但具有较强的环境适应性,能较好地适应控制的要求。在预算控制中,弹性预算比较常见。

3. 零基预算

零基预算指在每个预算年度开始时,把所有还在继续开展的活动都视为从零开始,重新编制预算。零基预算的基本特征是不受以往预算安排和预算执行情况的影响,一切预算收支都建立在成本效益分析的基础上,根据需要和可能来编制预算。

4. 滚动预算

滚动预算是根据前期预算的执行结果,结合各种新的变化信息,不断调整或修订并始终保持一定期限的预算。例如,预算执行过一个月后,即根据前一个月的经营成果,结合执行中发生的变化等信息,对剩余的十一个月的预算加以修订,并自动后续一个月,重新编制一年的预算。

5. 收支预算

这是以货币来表示组织的收入和经营费用支出的计划。收入预算主要是指预测某个计划期的有关收益及其来源。一般来说,组织的主要收入是销售收入,可单独编制预算。支出预算即计划期各种费用支出的预算。组织可根据会计科目中的某些费用编制单独或综合预算。

6. 生产预算

生产预算是指按产品分别编制的安排组织在预算期内的产品生产活动、确定产品生产数量及其分布状况的预算。产品在生产预算中,有关的生产量应与其销售量相对应。在具体确定预算期产品生产量时,还必须考虑预算期初和预算期末存货。生产预算在实际编制时是比较复杂的,产量受到生产能力的限制,存货数量受到仓库容量的限制,只能在限制范围内来安排存货数量和各期生产量。此外,有的季度可能销量很大,可以用赶工的方法增产,为此要多付加班费,如果提前在淡季生产,会因增加存货而多付资金利息,因此,要权衡两者得失,选择成本最低的方案。

7. 投资预算

投资预算是组织根据市场需求与生产能力,在固定资产投资支出方面的预算。一般包括新建厂房、购买机器设备等扩大固定资产投资额及其他方面的投资预算。由于这些费用的数目一般较大,且短期内难以收回,需要特别对待,应使用一定的时间做详细的调查和论证工作,并列出专项预算。

(二) 预算编制步骤

在编制预算之前,应首先建立一套预算制度。通过规章制度的建立,确定预算的类型、预算的期限,从而为预算的制定和执行提供保障。在此基础上可参考下述步骤来编制预算。

1. 确定目标

深入了解组织在过去财政年度的预算执行情况和组织在未来年度的发展战略规划,并作为组织制定预算的重要依据。围绕组织的发展战略、规划目标与企业内外部环境条件,提出组织的下一年度的预算目标,主要包括收入目标、支出目标、现金流量目标等。

2. 逐层分解

将组织总预算确定的任务层层分解,由各部门、基层单位及个人参照及结合自身特点制定本部门、本岗位的预算,上报企业同层管理部门。

3. 综合平衡

组织高层决策者在综合企业各个部门的上报预算后,调整部门预算,甚至调整总预算,最终确定预算方案,并下发至各部门。

4. 下达执行

组织贯彻落实预算确定的每项目标,在实施过程中给予监控,及时发现问题并采取相应的措施。

(三) 预算控制的作用与缺点

采用预算控制可使组织在不同时期内的活动效果具有可比性,用数量形式的预算标准来对照组织活动的实际效果,大大方便了控制过程中的绩效衡量工作。通过为不同的职能部门活动编制预算,也为协调组织活动提供了依据。同时预算明确了每个管理者的责任,也授权管理者支配一定数额的开支,为活动的实施提供了保证条件。预算结合了前馈控制、现场控制和反馈控制,被广泛运用于组织的各种不同层次的控制中。

由于这些积极的作用,预算控制手段在组织管理中得到了广泛运用,但在预算的编制和执行中,也有以下局限性:只能帮助组织控制那些可以计量的,特别是可以用货币计量的业务活动,而不能促进组织对那些不能计量的组织文化、组织形象、组织活力的改善给予足够的重视。编制预算时通常参照上期的预算项目和标准,从而会忽视本期活动的实际需要。组织活动的外部环境是不断变化的,这些变化会改变组织获取资源发生的支出或提供产品与服务获得的收入,从而使预算变得不合时宜。特别是涉及较长时间的预算时,可能会过度限制决策者的行动,使组织运行缺乏灵活性和适应性。

二、非预算控制

(一) 审计法

财务审计与管理审计是审计控制的主要内容。所谓财务审计,是对组织的资产、负债、损益的真实性、合法性和效益进行审计监督,对被审计组织的会计报表反映的会计信息依法作出客观、公正的评价,形成审计报告,出具审计意见和决定,其目的是揭露和反映企业资产、负债和盈亏的真实情况,查处组织财务收支中各种违法违规问题,维护所有者权益。管理审计是对被审计单位的管理业绩、决策进行审核、稽查,就被审计单位的业绩或目标、计划、程序和方针提出意见,并对管理业绩的效果表明意见,以改进管理工作、提高经济效益。管理审计是现代审计发展的产物,它涉及经营方针和计划,并从分析企业发展方向的角度提出意见和建议,努力把企业引向正确的方向。

(二) 现场检查法

现场检查的方法也许算得上是一种最古老、最直接的控制方法,它的基本作用就在于获得第一手资料。作业层(基层)的主管人员通过检查,可以判断出产品产量、质量的完成情况,设备运转情况和劳动纪律的执行情况等;职能部门的主管人员通过检查,可以了解到生产工艺的相关文件是否得到了认真贯彻,生产计划是否按预定进度得到执行,劳动保护等规章制度是否被严格遵守,以及生产过程中存在哪些偏差和隐患等;上层主管人员通过检查,可以了解到组织的方针、目标和管理制度是否深入人心,可以发现职能部门报告的情况是否属实以及员工的合理化建议是否得到认真对待,还可以从与员工的交谈中了解员工的情绪和士气等。所有这些都是主管人员最需要了解但在正式报告中见不到的第一手资料。

检查的优势不仅仅在于能掌握第一手资料,它还能够使得组织的管理者保持和不断更新自己对组织的感知,使他们感觉到事情是否进展得顺利以及组织系统是否正常。检查还能够帮助上层主管人员发现被埋没的人才,并从下级的建议中得到启发和灵感。此外,亲自检查本身就有一种激励下级的作用,它使得下级感到上级在关心着他们。所以,坚持经常到现场检查,有利于营造良好的组织气氛。

当然,主管人员也必须注意检查行为可能引起的消极作用。例如,也存在着这样的可能,即下级可能误解上司检查的目的,将其看作对他们工作的一种干涉和不信任,或者将其看作管理者不能充分授权的一种表现。这是需要引起注意的。尽管如此,现场检查的显著好处仍使得一些优秀的管理者始终坚持这种做法。一方面,即使是拥有智能化的现代管理信息系统提供的实时信息、作出的各种分析,仍然代替不了主管人员的亲身感受、亲自了解;另一方面,管理的对象主要是人,是要推动人们去实现组织目标,而人所需要的往往是通过面对面的交流所传递的关心、理解和信任。

(三) 报告分析控制

报告分析控制法是利用第二手资料对组织的活动结果进行分析,评价实际工作绩效,并采取相应的纠偏措施的控制方法。

报告是用来向负责实施计划的主管人员全面地、系统地阐述计划的进展情况、存在的问题及原因、已经采取的措施、收到的效果、预计可能出现的问题等情况的一种重要方式。控制报告的主要目的是提供一种如有必要即可用作纠正措施依据的信息。

对控制报告的基本要求是必须做到及时、突出重点、指出例外情况、尽量简明扼要。运用报告进行控制的效果,通常取决于主管人员对报告的要求。管理实践表明,大多数主管人员对下属应当向他报告什么缺少明确的要求。随着组织规模及其经营活动规模的日益扩大,管理也日益复杂,而主管人员的精力和时间是有限的,定期的情况报告也因此显得越发重要。

三、作业控制

作业控制是指生产管理部门在生产作业进程中进行检查、纠正偏差,保证生产顺利进行的管理制度。为了保证按质、按量、按期生产出产品,组织的生产管理部门在生产作业的开始及进行过程中,不断地检查,以获得各生产环节实际投入产出进度的信息,与生产作业计划作比较、分析,判断是否有偏差,如果存在偏差,及时采取对策与措施,使生产恢复正常。一般包括:库存控制、质量控制、成本控制。

(一) 库存控制

库存控制是对组织生产、经营全过程的各种物品、产成品以及其他资源进行管理和控制,使其储备保持在经济合理的水平上。在保证组织生产、经营需求的前提下,使库存量经常保持在合理的水平上需要掌握库存量动态,适时、适量地提出订货,避免超储或缺货,能够减少库存空间占用,降低库存总费用,并且可以控制库存资金占用,加速资金周转。库存控制必须解决三个问题:隔多长时间检查一次库存量,何时提出补充订货,每次订多少。库存控制可以很好地用数学模型方法进行描述,并形成专门的存储论,是管理运筹学的重要分支。

(二) 质量控制

质量控制是为了通过监视质量形成过程,消除质量环上所有阶段引起不合格或不满意效果的因素,以达到质量要求、获取经济效益,而采用的各种质量作业技术和活动。组织采用的质量控制方法一般有全面质量控制法、六西格玛管理法。

全面质量控制法实行全员工、全过程、全方位的全面质量控制,包括产品质量和工作质量。首先制订工作计划,然后实施,并进行检查,对检查出的质量问题提出改进措施。这四个阶段有先后、有联系,头尾相接,每执行一次为一个循环,称为 PDCA 循环,每个循环相对于上一循环都有一个提高。

六西格玛管理法是一项以数据为基础,追求完美的质量管理方法。其重点是将所有的工作作为一种流程,采用量化的方法分析流程中影响质量的因素,找出关键因素加以改进。

(三) 成本控制

成本控制是对组织在生产经营过程中发生的各种耗费进行计算、调节和监督的过程,也是一个发现薄弱环节,挖掘内部潜力,寻找一切可以降低成本途径的过程。科学地组织实施成本控制,可以促进组织改善经营管理。成本控制就是指以成本作为控制的手段,通过制定成本总水平指标值、可比产品成本降低率以及控制成本的责任等,达到对经济活动实施有效控制目的的一系列管理活动与过程。成本控制是指降低成本支出的绝对额,故又称为绝对成本控制;成本降低还包括通过合理安排成本、产量和收入的相互关系,以达到收入的增长超过成本的增长,实现成本的相对节约,这种称为相对成本控制。

第三节 协调的作用与基本原则

协调是在管理过程中引导组织之间、人员之间建立相互协作和主动配合的良好关系,有效利用各种资源,以实现共同的预期目标的活动。各管理层次或部门虽然都有自己既定的工作任务与工作范围,但在具体工作过程中,都会程度不同地需要其他层次或部门的配合与支持。而管理实践中常常有跨范围、跨专业的综合性事务,这就要求上下左右之间互相协调;各层次或部门都有自身的利益关系,且为了完成职能任务,都需要制定相关的管理政策与管理制度,为平衡他们之间的利益关系,确保管理政策与管理制度的统一性,也需要做好各项协调工作。

导入案例 5.3

某燃气炉公司面对越来越激烈的市场竞争,公司从上到下都采取了一系列的措施,董事会给总经理制定了新的目标,总经理也采取了新的考评方法。

下面是这个公司从上至下的做法:董事会制定了财务目标,公司总经理至少要完成销售目标的95%,而且为冬季新产品投资的生产线要为公司增加30%的收入。

销售总监:考核指标是销售收入要达到目标的95%,而且新产品要为公司增加30%的收入,于是他费了九牛二虎之力劝说了几家大客户和经销商从他公司大批量购入公司新型燃气炉。这些燃气炉必须在寒冷的冬季到来之前发送到大客户和经销商手上,但是目前公司的生产线仍处于调试阶段。如果新型燃气炉不能够在10月15日之前发货,这些客户和经销商就有权取消订单。如果真是这样,不仅销售部门的业绩大幅下滑,而且新产品生产线的投资也会因此受到巨大损失。他得到的实际信息是:公司的第一批新型燃气炉最快在10月25日后才能发出。

生产总监:他的两项主要工作指标是产品质量和生产量。新型燃气炉的生产质量达标是一个比较费时费力但效率又低的过程,生产总监在编排先生产新型产品还是先生产原规格产品的优先顺序时,担心新型燃气炉的产品质量和生产量会影响部门的绩效。为了确保产品质量达到考核标准,他便主动将生产原规格产品优先排列并加大了生产量,反正销售不是他应当考虑和负责的事情,他的考核指标是产品质量和生产量。

财务总监:今年对他的一项考核是缩短应收账款的周期。于是在对待客户的财务制度上,财务总监进行了调整,原来两个月的付款期限,一下子被调整为两周。他知道客户一下子会接受不了,但只有这样才能确保指标的完成。他也知道现在的竞争比较激烈,这样做对销售肯定是不利的,但销售量的多少与他的考核结果没有任何关系,所以也只好这样了。

采购总监:公司对他的考核中的两项就是要控制采购成本和降低库存。所以他通常会采购一些虽说性能不是很稳定但价格相对比较低的原材料。他认为性能不稳定不是大问题,因为公司还有售后部门做售后服务可以解决这些问题。而且为了降低库存,他推迟了下订单的时间,这样就造成了有时因为原材料的供应不足导致生产停滞的现象,但这似乎对他也没有直接影响,因为考核中就没有提到这一点。

看起来公司设置了明确的管理目标,每一项的考核指标与职责是一一对应的,对每一个部门来说似乎都合情合理。但如果从公司的整体来看,结果又会怎样呢?问题到底出在哪里?

问题:公司内不同的部门之间应如何协调?

知识点一：协调的内容与原则

一、协调的内容[①]

协调的内容主要以下几个方面。

（一）目标协调

具体来说，包括个人目标与组织目标的协调、局部目标与整体目标的协调、局部目标之间相互协调、组织目标与外部环境相互协调等。目标协调是组织其他方面保持协调的基础。实现目标协调的条件有以下几点：

（1）目标的确定要适应外部环境，要考虑外部环境诸因素对组织的要求及影响。

（2）目标的确定要从组织的资源状况出发，要考虑到组织资源的有限性和组织资源的潜力。

（3）目标确定要从组织成员的思想观念、价值观念与个人目标出发，最大限度满足组织成员的要求，尽可能使个人目标与组织目标保持一致。

（4）从有效实现目标出发，对组织目标进行分解和落实。

（二）利益协调

利益协调是针对组织内部或组织与外部组织在各种利益（主要是物质利益）分配方面可能出现或已经出现的问题而展开的协调。做好利益协调工作应从两个方面着手：一是紧紧围绕职能目标的需要配置资源，实现部门之间以及与外部组织之间的利益协调。二是从调动组织全体成员积极性出发确定利益关系，实现组织与人员、人员与人员之间的利益协调。

（三）思想与行为协调

实现管理目标，最重要的是保持行为协调，而行为协调以人员思想认识的统一为前提，这又需要思想协调。思想协调为行为协调打下了基础，但并不完全等同于行为协调。因为有些问题不是觉悟问题，不是品德问题，而纯粹出于对问题的认识不同。在这种情况下，仅靠思想工作无法达成。这时，领导者必须采取命令或非命令的手段，使组织成员的行为保持一致，达到协调。

（四）政策与规章制度协调

政策和规章制度是组织活动的依据，也是组织各项工作的标准。政策与规章

[①] 刘熙瑞,杨朝聚.现代管理学.北京：中国人民大学出版社,2018.

制度的存在和落实是实现协调的重要条件,但这同样是以政策和规章制度本身的协调为前提的。做政策与规章制度协调工作应强调两个方面,即完善政策与规章制度体系和维护组织权威。前者是基础,后者是保障。

二、协调的原则[①]

(一) 及时协调与连续协调相结合

治理者要及时发现和解决各种矛盾和问题,这样既可以减少工作中的损失,不使各方面之间的矛盾激化,也便于解决问题。在协调中,管理者做到防微杜渐是至关重要的。此外,协调也是一个动态的过程,须注重其连续性。

(二) 从根本上解决问题

管理者必须深入问题的内部,找出产生问题的根源,对症下药。这样,才能从根本上解决矛盾,使问题一个个减少,而不是此消彼长。

(三) 调动当事者的积极性

协调是为了解决问题,消除隔阂,推动工作,因此,能否调动起当事者的积极性,是协调成功与否的一个检验标准。

(四) 公平合理

公平是减少矛盾和解决矛盾的重要条件,合理是各种要素配置达到科学化、最优化的基本要求。管理者在协调时要努力做到公平合理。

(五) 相互尊重

协调的实质是处理人际关系,而处理人际关系需要互相尊重,互相关心。管理者应尊重下属的人格,平等相待,善于调动下属工作的积极性。

知识点二:协调的形式与方法

一、协调的形式

组织发现不和谐的现象或冲突时就需要及时做出协调。在协调时必须分析问题找出原因,以便采取各种灵活的疏导性措施,协调好各方关系与利益。通常采取的形式有:

(一) 书面协调

书面协调就通过拟订计划、制定制度、文件会签等方式统一各部门的认识,划

---

① 杨赟.管理学原理.北京:北京理工大学出版社,2010.

分各部门的职责,协调各部门的行动。拟订计划指以文字形式明确指出各部门的职责、任务,在活动中的地位、作用,下一步的行动计划、工作途径等。制定制度指管理者根据国家的政治、经济形势和方针政策的变化,结合本单位的实际情况,对系统内各部门的性质、职能、任务、纪律等作出新的规定。文件会签指当文件涉及多个部门时由各部门相继对文件进行审查、核签。

(二)会议协调

情况复杂、牵涉面广、内容重要紧急的协调事项,大多采用会议协调的方式。会议协调具有时间集中、焦点集中、矛盾集中、约束力强的优点。会议协调中,管理部门可以把需要协调的事项、要求、方法等写成议案,交由会议审议,由有关方面充分发表意见。

(三)信息协调

信息协调指管理者未雨绸缪,对有可能出现的协调事项进行充分估计、及早预测,并及时向双方通报情况、沟通信息,促使对方明了真相,加强理解,消除隔阂,以达成合作的方法。在事项比较单纯、涉及部门不多、协调对象也比较熟悉,估计能够较为顺利地达到预定目标的情况下,可以采用信息协调的方式。这种方式既便捷又及时,可以节省时间,提高效率。

(四)组织协调

在工作中如遇到需协调的事项很重要,涉及多个部门的职责划分、利益调整,而且难度较大时,可以建立单独的协调组织来实现协调。比如机构改革中要涉及人事、财政、劳动、民政等多个部门以及具体的各种利益问题,可以成立机构改革办公室,专门从事各方面的协调工作。这种方式既可以减轻主要领导的工作负担,同时还可以避免单位或部门之间不必要的摩擦。

(五)面商协调

对于不涉及多方或虽涉及多方但不宜以会议方式商讨的问题,可以采取面商协调的方式,比如向领导口头汇报各部门工作动态、会议情况,向部门交代领导指示、决议等;当协调的对象比较单一、主要集中在思想情绪方面时,宜采用个别谈心的协调方式。

二、协调的方法

在协调时,需要根据协调对象、协调范围与冲突程度,因地制宜地从客观公正原则出发,寻求到能够保障和协调利益,为协调对象所共同接受的方案。常用的方法包括：

（一）求同存异法

管理者在听取、了解双方的意见、要求时，应尽可能发现或寻找双方的共同点或接近点，这常常是打开僵局的关键。有了共同点或接近点就有了共同语言，就有了讨论的基础。管理者应引导、劝说双方以共同点作为突破口，重视并珍视共同点，尤其是可能达成的初步协议。其他不同意见可以各自保留，待以后时机成熟时再进一步协商。

（二）冷处理法

当双方矛盾较深、当事人易感情用事时，管理者不要急于求成，可让双方中止会谈，各自冷静下来进行反思，让时间去考验彼此的诚意，去催化彼此成熟。此时管理者可从其他方面多做些促进的工作，以求瓜熟蒂落、水到渠成。

（三）避虚就实法

当双方为了名义、提法或礼节等非实质性的问题而争执不下时，管理者应引导或劝说双方避虚就实、增加理性、注重务实，以彼此的实际利益、根本利益、长远利益为重，讨论和解决实际问题。

（四）先易后难法

当对象之间矛盾多而复杂时，管理者不应企求马上解决或完全解决问题，而应分清矛盾的主次、轻重、缓急，分析各种有利及不利的条件，尽可能采取先易后难的解决办法。先解决了一两个容易解决的问题，双方在心理上就会开始产生信心。

（五）步步为营法

管理者协调、解决复杂困难的问题时，应采取"稳扎稳打、步步为营"的策略。既不要企求全线出击、大获全胜，也不要幻想长驱直入、直捣黄龙。在先易后难的基础上，应步步为营，即解决一个问题，就落实一个，巩固一个，直到最后问题完全解决。

（六）场景变换法

在组织对象各方接触、交谈、讨论、会商的过程中，管理者应注意场景的变换。场景会对人的心理、态度产生影响。比如，刚开始可在自己所在单位召开，以表示公正的立场；以后可轮流在对象单位召开，每个职能部门做东道主时，自然会表现出待客礼仪和尊重。讨论可以在会议室进行，这样会显得正式、隆重，但也会令人感到拘束。如果换一个场景，在会客室、餐厅或文娱场所进行，就会使人有亲切、轻松之感。当然,场景的变换应与会谈的内容、气氛相适应。

(七) 情谊沟通法

在协调的开始、进行或完成的阶段中,管理者可提议或组织一些交谊活动,如到双方单位参观、聚餐、一起郊游、共同观看文艺演出、领导者之间家庭互访等。这些活动有利于彼此多接触、多了解,有利于促进友谊、培养感情、建立信任,最终达到化敌为友、冰释前嫌、团结一致、和谐合作的理想境界。

知识点三:协调的基础——沟通

人际交往,与上司、下属和其他部门或组织之间的协调,以及相关的决策、计划、组织与控制等工作都离不开信息的沟通。沟通贯穿于管理工作的每一个环节,是管理者开展各项管理工作所必须掌握的技能之一。

管理沟通包括人际沟通和组织沟通两方面。前者存在于两人或多人之间的信息沟通,目的是取得他人的理解与支持;后者是组织内部进行的信息交流、联系与传递等活动,目的是加强分工协作。在一个组织内部,既存在着人与人之间的人际沟通,也存在着组织间的协作沟通。

组织中沟通的目的是分享信息,使组织的所有行动在既定目标上保持一致。组织内外部环境的变化,使得组织必须迅速、准确、及时地掌握组织内外部各种信息,在充分分析的基础上,重新思考和确定组织的使命和战略目标等,并且在组织内部进行分解部署,使得每名员工都能够知晓,并转化和落实到日常工作中,从而保证组织内部所有活动和行为与组织的使命和目标保持一致。执行过程中及时的信息反馈是对组织中的各种活动结果等进行测量、监控,为采取纠正措施和改进等决策提供依据。

信息沟通的作用在于使组织内的每一个成员都能够做到在适当的时候,将适当的信息,用适当的方法,传递给适当的人,从而形成一个健全的、迅速的、有效的信息传递系统,以有利于组织目标的实现。没有沟通就无法协调,更不可能实现组织活动的效果。沟通是组织成员之间,特别是领导者和被领导者之间建立良好人际关系的关键。沟通是组织成员统一思想和行动的工具。实现有效沟通应注意以下几个方面。

1. 选择沟通方式

(1) 链式沟通:也可称为直线沟通,就是信息链条似的逐级传递。

（2）轮式沟通：即某一个居于核心位置的沟通主体分别与其他几个沟通主体进行沟通。

（3）全通道沟通：即组织成员都可以不受任何限制地互相沟通，各成员在沟通中享有平等地位。

（4）环式沟通：也称圆式沟通，即没有沟通核心，各沟通主体只能和左右两个沟通对象进行沟通。

（5）Y式沟通：Y式沟通是对沟通方式的形象化描述，这种沟通存在于纵向层级关系之中，中间某一沟通主体和两个以上的上级组织进行沟通，同时又和下级组织保持链式沟通。

2. 克服沟通障碍

人们不同的心理素质对沟通具有重大影响，从而形成特殊的沟通障碍，破坏沟通的连续性和有效性，增加协调的难度。来自沟通主体的障碍主要有表达不清、编码不适当、惰性、时间紧迫和对沟通对象不了解或不信任等。因此，任何沟通主体在组织沟通时，都应坚持明确性原则，力求沟通形式的标准化，做到文字规范、措词严密、表达准确、中心突出、目的明确，避免使用方言、土语或容易引起误解的言辞。来自沟通对象的障碍是因为人存在注意力不集中的情况和理解能力的差异。一个优秀的管理人员应具备良好的注意力，即能按照预定目的在特定时间内把心理活动指向特定对象的能力。同时，还要求管理人员不仅要实现专业化、知识化，还要根据职位与具体工作需要，不断重塑自己的性格和气质。

案例

迪特尼公司的企业员工意见沟通制度

迪特尼·包威斯公司是一家拥有12 000余名员工的大公司，它早在20多年前就认识到员工意见沟通的重要性，并且不断地加以实践。现在，公司的员工意见沟通系统已经相当成熟和完善。员工意见沟通系统主要分为两个部分：一是每月举行的员工协调会议；二是每年举办的主管汇报和员工大会。

员工协调会议是每月举行一次的公开讨论会，在会议中，管理人员和员工共聚一堂，商讨一些彼此关心的问题。无论是公司的总部，还是各部门、各基层组织，都会举行协调会议。员工协调会议是标准的双向意见沟通系统。在开会之前，员工可事先将建议或怨言反映给参加会议的员工代表，代表们将在协调会议上把意见转达给管理部门,管理部门也可以利用这个机会,同时向代表们讲解公司政策和计划,相互之间进行广泛的讨论。同时,迪特尼·包威斯公司也鼓励员工参与另一种形式的意见沟通。公司安装了许多意见箱,员工可以随时将自己的问题或意见投到意见箱里。在几次全球经济衰退中,迪特尼·包威斯公司的生产率每年以平均10%以上的速度递增,公司员工的缺勤率低于3%,流动率低于12%,在同行业中最低。

小 结

1. 管理中的控制是组织按照计划衡量计划执行过程中的各类活动和纠正计划执行中的偏差,以保证计划目标实现的过程。

2. 控制是管理中的一项重要职能,与管理中的计划、组织等职能具有密切关系。

3. 组织的控制工作需要因时因地,不可照搬别的组织的成功经验。因此掌握控制的原则,灵活运用才是做好控制工作的关键。

4. 控制可以分为预先控制、现场控制和事后控制。控制方法各有利弊,应结合具体的控制对象综合应用各种控制方法。

5. 控制的基本过程包括:制定控制标准、对照标准评价工作绩效、纠正偏差。控制伴随着组织的各项活动,是一个周而复始的过程。

6. 对于组织而言,需要进行控制的对象很多,但是控制的资源是有限的,需要确定控制的重点对象。一般而言,员工绩效、财务、产品/服务质量、组织绩效、安全、信息是每个组织控制的重点对象。

7. 预算控制是将事实和计划进行比较,确认预算的完成情况,找出差距并进行弥补,以实现对组织资源的充分合理利用。预算控制种类繁多,但预算控制编制步骤相似,包括确定目标、逐层分解、综合平衡、下达执行。

8. 非预算控制与预算控制相对应,包括审计法、现场检查法、报告分析控制法。

9. 作业控制是指生产管理部门在生产作业进程中进行检查、纠正偏差,保证生产顺利进行的管理制度。一般包括:库存控制、质量控制、成本控制。

10. 组织协调的内容包括目标协调、利益协调、思想与行为协调、政策与规章制度协调。

11. 组织在协调时应做到及时协调、连续协调,调动当事者的积极性,并且从根本上解决问题,按照相互尊重和公平合理的原则协调当事各方的利益。

12. 组织可以采用的协调形式包括书面协调、会议协调、信息协调、组织协调、面商协调。

13. 在协调时,需要根据协调对象、协调范围与冲突程度,因地制宜地选择方法。常用的方法包括求同存异法、冷处理法、避虚就实法、先易后难法、步步为营法、场景变换法和情谊沟通法。

14. 有效沟通应注意方法的选择和克服沟通障碍。

练 习 题

一、名词解释

1. 控制
2. 预先控制
3. 现场控制
4. 弹性预算
5. 协调
6. 管理沟通

二、选择题

1. 控制的前提和依据是(　　)。

   A. 组织　　　　B. 领导　　　　C. 计划　　　　D. 协调

2. 下列有关控制工作的描述,不正确的是(　　)。

   A. 不是任何组织、任何活动都需要进行控制

   B. 控制工作可以减少甚至避免管理失误造成的损失

   C. 控制工作与其他管理职能紧密结合在一起,使管理过程形成一个相对封闭的系统

   D. 控制工作有可能导致确立新的目标,提出新的计划

3. 前馈控制又称为(　　)。

   A. 同步控制　　B. 预先控制　　C. 反馈控制　　D. 实时控制

4. 现场控制是指(　　)实施的控制。

A. 在某项活动开始前 B. 在某项活动进行中
C. 在某项活动发生变化后 D. 在某项活动出现结果后

5. 反馈控制指的是( )。

   A. 事先控制 B. 前馈控制 C. 事中控制 D. 事后控制

6. 为保证新生能适应新的环境,学校要对新生进行入学教育。这种控制类型属于( )。

   A. 事先控制 B. 事中控制 C. 事后控制 D. 综合控制

7. 为保证教学秩序,教师在课堂上的点名属于( )。

   A. 事先控制 B. 过程控制 C. 事后控制 D. 反馈控制

8. 为校验教学效果和质量,教师和学校分别进行的期中测验和期末考试,( )。

   A. 前者属于事先控制,后者属于事后控制
   B. 前者属于事中控制,后者属于事后控制
   C. 都属于事中控制
   D. 都属于事后控制

9. 原材料的入库检验和成品的入库检验,( )。

   A. 前者属于事先控制,后者属于事后控制
   B. 前者属于事后控制,后者属于事先控制
   C. 都属于事先控制
   D. 都属于事后控制

10. "治病不如防病,防病不如讲卫生",这一说法说明( )最重要。

    A. 事先控制 B. 过程控制
    C. 事后控制 D. 反馈控制

11. 种庄稼需要水,但某一地区近年一直没有下雨,怎么办?一个办法是通过灌溉解决不下雨的问题;另一个办法是改种耐旱作物,使所种作物与环境相适应。这两个措施分别是( )。

    A. 纠正偏差和调整计划 B. 调整计划和纠正偏差
    C. 反馈控制和事前控制 D. 事前控制和反馈控制

12. 关于全面质量管理,以下描述错误的是( )。

    A. 全面质量管理强调了动态的控制过程
    B. 全面质量管理要求全体员工参与质量控制

C. 全面质量管理要求全员、全过程的质量监控

D. 全面质量管理重视最终的检验过程

13. 财政收支预算在执行过程中几乎没有变动余地,这种预算属于(　　)。

A. 弹性预算　　B. 刚性预算　　C. 收入预算　　D. 支出预算

14. 企业制定的文件要求相关部门会签采用的协调形式是(　　)。

A. 信息协调　　B. 会议协调　　C. 组织协调　　D. 书面协调

15. 企业建立逐层回报制度从信息沟通的角度看属于(　　)。

A. 链式沟通　　B. 轮式沟通　　C. 全通道沟通　　D. 环式沟通

三、简答题

1. 什么是控制?在管理中控制的作用是什么?
2. 请描述控制和计划的相互关系。
3. 试举例说明生活或工作中的预先控制、现场控制和事后控制。
4. 管理控制有什么特点?你是如何理解这些特点的?
5. 控制过程包括哪些阶段的工作?
6. 协调的原则有哪些?

四、案例分析题

1. 戴尔公司创建于1984年,是美国一家以直销方式销售个人电脑的电子计算机制造商,其经营规模已迅速发展到1999年120多亿美元销售额的水平。戴尔公司是以网络型组织形式来运作的企业,它联结有许多为其供应计算机硬件和软件的厂商。其中有一家供应厂商,电脑显示屏做得非常好。戴尔公司先是花很大的力气和投资使这家供应商做到每百万件产品中只能有1 000件瑕疵品,并通过绩效评估确定这家供应商达到要求的水准后,戴尔公司就完全放心地让他们的产品直接打上"Dell"商标,并取消了对这种供应品的验收、库存。类似的做法也发生在戴尔其他外购零部件的供应中。通常情况下,供应商需将供应的零部件运送到买方那里,经过开箱、触摸、检验、重新包装,经验收合格后,产品组装商便将其存放在仓库中备用。为确保供货不出现脱节,公司往往要储备未来一段时间内可能需要的各种零部件。这是一般的商业惯例。因此,当戴尔公司对这家电脑显示屏供应商说"这型显示屏我们今年会购买400万到500万台左右,贵公司为什么不干脆让我们的人随时需要、随时提货"的时候,商界人士无不感到惊讶,甚至以为戴尔公司疯了。戴尔公司的经理们则认为,开箱验货和库存零部件只是传统的做法,并不是现代企业运营所必需的步骤,遂将这些"多余的"环节给取消了。戴尔

公司的做法就是,当物流部门从电子数据库得知公司某日将从自己的组装厂提出某型号电脑××部时,便在早上向这家供应商发出配送多少数量显示屏的指令信息,这样等到当天傍晚时分,一组组电脑便可打包完毕分送到顾客手中。如此,不但可以节约检验和库存成本,也加快了发货速度,提高了服务质量。

思考题:

戴尔公司对电脑显示屏供应厂商是否完全放弃和取消了控制?如果是,戴尔公司的经营业绩来源于哪里?如果不是,那它所采取的控制方式与传统的方式有何不同?

2. 某国际大型日用品生产企业新换了一批自动香皂包装机以后,经常出现香皂盒子里没有香皂的情况,而在装配线一头采用人工检查的方式因为效率问题不太可能实现而且不保险,这不,一个由自动化、机械、机电一体化等专业的博士组成的队伍来研究这个问题了,没多久他们开发了全自动的X光透射检查机装在装配线的头上,透射检查装配线尽头等待装箱的香皂盒,如果有空的就用机械臂取走,在花费了大量资金和半年时间后最终完成了香皂盒检测系统。这一办法将香皂盒的空填率有效地减少至5%以内,问题基本解决。不巧,中国一家乡镇企业生产香皂也遇到类似问题,老板吩咐线上小工务必想出对策来解决,小工拿了一个电风扇放在装配线的头上,对着最后的成品吹风,空盒子被吹走,问题得以解决。

思考题:

中国小企业没有采用国际大企业的控制方法的原因是什么?体现了控制方法设计的什么原则?

第六章

创　　新

随着经济的不断发展,客户需求不断变化,企业之间的竞争也日益激烈,如果不谋求创新,企业就会失去客户,落后挨打,更别论长期可持续发展。在这样的经营环境下,企业创新实践丰富发展了管理理论。本章从管理职能的角度,阐述创新的概念、方式和基本条件等与管理创新的基本理论和基本技能相关的内容。

> **学习重点**
>
> 1. 掌握创新的定义
> 2. 掌握技术创新的含义、战略定位和方式
> 3. 掌握组织创新的定义和主要内容
> 4. 掌握制度创新的定义
> 5. 掌握创新活动的组织引导和风险管理

第一节　创新概述

管理是企业永恒的主题,是企业发展的基石。决策、组织、控制等职能是保证计划目标得以实现所不可能缺少的,从某种角度讲,它们是管理的"维持职能",其任务是保证系统按预定的方向和规则进行。但是管理是在动态环境中生存的社会经济系统,仅维持是不够的,还必须不断调整系统活动的内容和目标,以适应环境变化的要求,这就需要发挥管理的创新职能。创新,是现代企业进步的原动力,是增强核心竞争能力、获得跨越式发展、实现持续成长的决定性因素。

导入案例 6.1

牛顿和万有引力的故事

1666年的秋天,23岁的牛顿还是剑桥大学圣三一学院三年级的学生。牛顿

一直被这些问题困惑着：是什么力量驱使月球围绕地球转、地球围绕太阳转？为什么月球不会掉落到地球上？为什么地球不会掉落到太阳上？在英国北部林肯郡一个名叫乌尔斯索普的村庄里，发生了这样一件"小事"：一天傍晚，学习了一天的牛顿信步来到自家的苹果园里，坐在一棵苹果树下，欣赏着满园的果实。面对这美妙和谐的大自然，牛顿总是隐隐约约地感到，在神秘的自然界中，一定有某种规律在支配着它的运动，可是这个规律是什么呢？苹果的阵阵幽香，不知不觉又使牛顿沉浸于对天体运动之谜的思考之中，一个苹果恰好从树上落下来。这时候，他忽然想到，为什么苹果总是垂直落向地面呢？为什么苹果不向外侧或向上运动，而总是向着地球中心运动呢？无疑，这是地球向下拉着它，有一个向下的拉力作用在物体上，而且这个向下的拉力总和必须指向地球中心，而不是指向地球的其他部分。所以苹果总是垂直下落，或者总是朝向地球的中心掉落。苹果向着地球，也可看成是地球向着苹果，物体和物体之间是相互朝着对方运动的。物体之间的作用力必须与它们的质量成正比。这个现象，就是我们后来所称的万有引力。

问题：牛顿是如何在实际中发现问题，并运用创新思维来解决的？

知识点一：创新的定义

从管理学意义角度来说，创新是指组织把新的管理要素或要素组合引入管理系统，形成一种创造性思维，从而更有效地实现组织目标的活动过程。

具体地说，创新包括以下五种情况：

（1）引进一种新产品，产品既包括有形的产品，也包括无形的产品。

（2）采用一种新的生产方法，就是在有关的制造部门中未曾采用过的方法。这种新的方法并不需要建立在新的科学发现基础之上，可以是商业上处理一种产品的新的方式。

（3）开辟一个新的市场，就是该产品进入以前不曾进入的市场，不管这个市场以前是否存在过。

（4）获得一种原材料或半成品的新的供给来源，不管这种来源是已经存在的，还是第一次被创造出来的。

（5）实行一种新的企业组织形式，如造成一种垄断地位或打破一种垄断地位。

知识点二：维持与创新的关系

作为管理的两个基本职能，维持与创新是相互联系、不可或缺的，有效的管理在于适度的维持与适度的创新组合。维持是保证企业各项活动顺利进行的基本手段，也是企业中最常见的工作。企业管理的维持职能便是严格地按预定的规划来检视和修正企业系统的运行，尽力避免各子系统之间的摩擦，或减少因摩擦而产生的结构内耗，以保证系统的有序性。

但是，仅有维持是不够的。企业作为一个社会经济系统要不断地与外部发生物质、信息、能量的交换。而外部环境是在不断地发生变化的，这些变化必然会对企业的活动内容、活动形式和活动要素产生不同程度的影响；同时，企业内部的各种要素也是在不断发生变化的，从而对企业原有的目标、活动要素间的相互关系等产生一定的影响。企业若不及时根据内外变化的要求，适时进行局部或全局的调整，则可能被变化的环境所淘汰，或为已改变了的内部要素所不容。这种为适应企业内外变化而进行的局部或全局的调整，便是企业管理的创新职能。

综上所述，作为企业管理的两个基本职能，维持与创新对企业的生存和发展都是非常重要的。它们相互联系，不可或缺。

解开绳结

公元1202年，铁木真和王罕联兵大战札木合取得胜利，札木合向王罕投降。那年秋天，铁木真率部来到了斡难河畔，河畔有一棵五人方能合抱的大树，大树上系着一个复杂的绳结。据蒙古传说，谁能解开这个绳结，谁就能成为蒙古之王。

每年，都会有很多蒙古人来解这个结。札木合来过，王罕也来过，可他们都不知如何下手，这个结异常复杂，连绳头也看不到。铁木真仔细观察了这个绳结，他也找不到绳头。他想了一会儿，拔出剑来，将绳结一劈两半，然后对众人说道："这，就是我铁木真解开绳结的方式！"铁木真就是蒙古帝国可汗，尊号"成吉思汗"，世界史上杰出的政治家、军事家。

知识点三：创新的特征

一般来说，创新具有以下特征。

一、创造性

创造性是指创新所进行的活动，与其他活动相比具有突破性的质的提高。这种创造性的特点就是敢于打破常规，把握规律的同时紧紧地抓住时代前进的趋势，勇于探索新路子。

二、风险性

创新具有风险性，因为创新的全过程需要大量的投入，这种投入能否顺利地实现价值补偿，受到来自技术、市场、竞争、制度、社会、政治等不确定因素的影响。

三、高收益性

创新具有高收益性，这是因为在经济活动中高收益与高风险并存，创新活动也是如此。因而，尽管创新的成功率较低，但成功之后却可获得丰厚的利润。

四、系统性和综合性

企业创新涉及战略、市场调查、预测、决策、研究开发、设计、安装、调试、生产、管理、营销等一系列活动。这一系列活动是一个完整的链条，其中任何一个环节出现失误都会影响整个企业的创新效果。同时，与经营过程息息相关的经营思想、管理体制、组织结构的状况也影响着整个企业的创新效果。所以，创新具有系统性和综合性。

五、时机性

消费者的喜好处于不断变化之中，同时社会的整体技术水平也在不断提高，因而创新在不同方向具有不同的时机，甚至在同一方向也随着阶段的不同而具有不同的时机。因此，要求创新者在进行创新决策时，必须根据市场的发展趋势和社会的技术水平选择方向，并识别该方向的创新所处的阶段，选准切入点。

六、适用性

创新是为了进步与发展，因而只有能够真正促使企业发展和进步的创新，才是真正意义上的创新。对一个企业来说,由于基础条件不同,历史背景不同,所处环境不同,经营战略不同,从而需要解决的问题和达到的目的不同。因而,不同的企业采取的创新方式也应该有所区别,要使创新满足本企业的适用需求。

创新思维

两个推销人员到一个岛屿上去推销鞋。一个推销员到了岛屿上之后,发现这个岛屿上每个人都是赤脚。他气馁了,没有穿鞋的,推销鞋怎么行,这个岛屿上是没有穿鞋的习惯。他马上打电话回去,说鞋不要运来了,这个岛上没有销路,每个人都不穿鞋的,这是第一个推销员。第二个推销员来了,看到同样的情况,感叹到,这个岛屿上的鞋的销售市场太大了,每一个人都不穿鞋啊,要是一个人穿一双鞋,不得了,那要销多少双鞋出去,马上打电话说,空运鞋来,赶快空运鞋。同样一个问题,你看,不同的思维得出的结论是不同的。

知识点四:创新的过程

创新源自知识发现、知识创造,离不开企业对知识的有效管理;它是新思想、新发明、新知识的商业化过程,不能独立于企业的商业战略和竞争环境而存在;它会引发并伴随着组织的变革,不能脱离组织结构、组织机制进行研究;它是组织有目的、有意识的活动,需要组织的事先规划;它是一个总体线性、局部反复性的周期过程,需要从创新过程和具体的创新阶段入手,才能得到全面和深入的理解。

创新的过程分为六个阶段:知识创造、技术开发、匹配、生产开发、市场开发和评估反馈(如图 6.1 所示)。创新过程强调创新的选择能力、匹配能力、执行能力和评估能力,以及在知识创造和市场匹配阶段的思想发散和收敛的重要性。

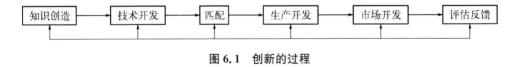

图 6.1 创新的过程

一、知识创造阶段

知识创造阶段是伴随整个创新过程始终的阶段。这个阶段可以分为两部分来看：第一，创新的初始阶段。企业在这个阶段广泛收集来自外部和内部的信息，对信息进行加工处理，并结合知识共享和知识交流，使企业不断产生新的知识。在此过程中，企业会意识到创新的存在，并发现组织或企业中的机会，最终将其显性化。第二，创新的各个阶段所伴随的知识创造过程。无论是在技术开发、生产开发阶段，还是在市场开发阶段，都会遇到各种难以预料的困难，因此企业需要对各个阶段进行认真评估，及时反馈和分析，通过知识创造来解决难题。在这个阶段，要特别强调的是知识创造需要从思想发散走到思维收敛。所以发散思维之后需要有收敛的过程，来整合不同的思想观点和创新方案。

二、技术开发阶段

技术开发阶段是指企业把新思想、新构思转变为新的产品原型或样品的过程，该过程还包括对产品原型或样品进行测试、评价及筛选等工作。对于组织的创新产品，并不是一定要自主开发，也可以通过将其他地方（如研究机构等）已经研制出的新技术结合自己的产品创造出来。因此，技术开发阶段可以简化为新技术与企业产品设计的结合。企业需要在众多的新技术中，选择并采用最适合自身发展的技术，因此需要进入第三个阶段——匹配阶段。

三、匹配阶段

随着信息技术的发展、新产品生命周期的缩减和市场需求的不断变化，创新的风险也不断增加。为了提升创新的成功率，除了正确地选择机遇外，还需要使企业的创新技术与市场需求、商业战略相匹配。在这个阶段，企业需要对所有的技术创新和各种原型产品进行汇集，并将专家、技术人员及其他员工对各种创新的可行性分析进行汇总。在此基础上，企业的决策层才可能根据企业现阶段发展状况，根据匹配原理，制定合理的评价标准，对可行性技术创新方案或原型产品进行选择。

四、生产开发阶段

生产开发是指企业把新的产品原型或样品转变为新产品的过程。它是企业在确定将要投放市场的产品原型或样品之后，即技术开发和匹配过程结束之后，到新产品正式投入批量生产之前而进行的调试、工艺流程设计、产品标准制定、工装及模具设计和制造、工作方法与劳动定额确定等一系列工作的总称。

五、市场开发阶段

市场开发是指企业把新产品转变为市场上所需要的新产品的过程。实际上,从构思开始,企业就得考虑市场开发问题,它应该包括企业从构思开始,到新产品正式投放市场之前所做的市场调查与研究、市场测试与评价、市场营销计划制订以及最终的销售等各项工作。

六、评估反馈阶段

评估能够帮助企业更好地认识顾客对自己产品的认可程度及产品给顾客带去的价值,从而帮助企业更好地做出预测和改进。由于创造顾客价值的能力取决于企业的知识创造能力、选择能力、匹配能力和执行能力,而每一个阶段的能力又取决于前一个阶段的能力表现,因此,企业不仅需要在一个创新过程的末期通过顾客进行反馈,还要在创新过程的每一个阶段进行反馈,必要时,重新执行上一个阶段,以确保每一个阶段的有效性。

以上六个阶段中,第一阶段到第二阶段,体现了组织的选择能力;第二阶段到第四阶段,体现了组织的匹配能力;第四阶段到第五阶段,体现组织的执行能力;第六阶段体现了组织的评估能力。在整个创新过程中,知识创造和市场匹配是促进企业创新并实现成功创新的关键。

案例

尼龙搭扣

1948年的一天,瑞士发明家乔治·梅斯特拉尔带着狗外出散步,回家发现自己裤腿上和狗身上都粘满了一种草籽。草籽粘在狗毛上很牢固,要花一定工夫才能把草籽拉下来。乔治感到很奇怪,他用放大镜仔细观察这种草籽,发现草籽的纤维与狗毛是交叉在一起的,他想,如果采用这两种形状的结构不就可以发明一个搭扣吗?8年后,世界上第一个尼龙搭扣诞生于梅斯特拉尔之手。尼龙搭扣实际上是两条尼龙带,它们共同扮演苍耳的角色,其中一条涂有涂层,上有类似芒刺的小钩,另外一条的上面则是数千个小环,钩与环能够牢牢地粘在一起。

知识点五：创新的策略

一般来说，根据创新程度的不同，创新策略可分为首创型创新、改仿型创新和模仿型创新三种。

一、首创型创新

首创型创新是指在观念和结果上有根本性突破的创新，通常是首次推出且对经济和社会发展产生重大影响的全新的产品、技术、管理方法和理论。首创型创新是创新度最高的一种创新活动，其基本特征在于首创。例如，率先推出全新的产品，率先开辟新的市场销售渠道，率先采用新的广告媒介，率先改变销售价格等，所有这些行为都可称为首创型创新。

对企业来说，进行首创型创新，可以开辟新的市场领域，提高企业的市场竞争力，获得高额利润。对处于市场领先地位的企业来说，要想保持自己的市场领先地位，也必须不断地进行首创型创新。首创型创新是一种高成本、高风险、高报酬的创新活动，由于市场需求的复杂性和市场环境的多变性，以及生产、技术、市场等方面的不确定性，首创型创新活动具有较大的不确定性和风险性。

二、改仿型创新

改仿型创新是指充分利用企业自身的实力和创新条件，对现有首创型创新进行再创新，从而提高首创型创新的市场适应性。改仿型创新的特征是低成本、低风险、高收益。

三、模仿型创新

模仿型创新是创新度最低的一种创新活动，它既可以模仿首创者，也可以模仿改仿者，其创新之处仅表现在自己原有市场的发展和变化。一些缺乏首创能力和改仿能力的中小型企业可以采用模仿型创新策略。一般来说，模仿型创新承担的市场风险和创新成本都较小，但收益相对也较小。模仿型创新有利于创新的扩散，任何一个首创型或者改仿型企业，无论拥有多大的实力，也无法在一个较短的时间内占领所有的市场。因此，一旦市场上首创型创新或改仿型创新取得成功，一大批模仿者必然会出现。

企业在制定创新策略时，既要根据市场需求，又要联系本企业的特点，充分考虑各种创新条件的影响，选择适当的创新策略、时机和方式，及时进行创新，即适度创新。

第二节 创新的基本内容

导入案例 6.2

三个和尚故事新说

中国有一句老话,叫"一个和尚挑水吃,两个和尚抬水吃,三个和尚没水吃"。如今,这三个观点过时了,现在是"一个和尚没水吃,三个和尚水多得吃不完"。

有三座庙,这三个庙离河边都比较远。怎么解决吃水问题呢?

第一座庙,和尚挑水路比较长,一天挑一缸水就累得不干了。于是三个和尚商量,咱们来个接力赛吧,每人挑一段路。第一个和尚从河边挑到半路停下来休息,第二个和尚继续挑,之后又转给第三个和尚,挑到缸边灌进去,空桶回来再接着挑,大家都不累,水很快就挑满了。这是协作的办法,也叫"制度创新"。

第二座庙,老和尚把三个徒弟都叫来,说我们立下了新的庙规,要引进竞争机制。三个和尚都去挑水,谁挑得多,谁晚上吃饭多加一道菜。谁挑得少,谁就吃白饭,没菜。三个和尚拼命去挑,一会儿缸里的水就挑满了。这个办法叫"管理创新"。

第三座庙,三个和尚商量,天天挑水太累,咱们想想办法。山上有竹子,把竹子砍下来连在一起,竹子中心是空的,然后买了一个辘轳。第一个和尚把一桶水摇上去,第二个和尚专管倒水,第三个和尚在地上休息。三个人轮流换班,一会儿缸里的水就灌满了。这种方法叫"技术创新"。

由三个和尚没水喝,到三个和尚通过不同的办法达到共同目的,关键在于不局限于固有的思维,发扬了团结协作、良性竞争、开拓创新的精神。

知识点一:技术创新

一、技术创新的含义

技术创新指生产技术的创新,包括开发新技术,或者对已有的技术进行应用创新。技术创新是企业创新的主要内容,主要表现在要素(材料及手段)创新、要素组合方法(工艺)创新以及要素组合成果(产品)创新等方面。

(一) 要素(材料及手段)创新

要素创新包括材料创新和设备创新;要素组合创新包括生产工艺和生产过程

的时空组织创新。如前几年,美国农产品过剩,农场主负债累累,政府补贴农业的财政负担沉重。堪萨斯、卡罗来纳等农业州的农民与大学合作,从环保角度,以农产品为原料生产工业产品,如用玉米生产一次性水杯、餐具和包装盒,从玉米中提取燃烧用的乙醇,从大豆中提取润滑油替代石油产品等,受到市场欢迎,政府决定给予减税和强制推行等支持。

(二) 要素组合方法(工艺)创新

要素组合方法创新包括工艺路线创新和工艺装备创新等。工艺路线创新是生产方式思路的改变,例如,用精密铸造、精密锻造、粉末冶金代替金属切削生产复杂的机械零件,可大大缩短生产周期,降低成本。工艺装备创新的例子很多,如用计算机绣花机代替手工绣花,用数控机床代替手动操作机床等。

(三) 要素组合成果(产品)创新

产品创新是企业技术创新的核心内容,包括品种创新、产品结构创新等。品种创新要求企业根据市场需求的变化和消费者偏好的转移及时调整企业的生产方向和生产结构,不断地开发出用户欢迎的适销产品。产品结构创新是企业不断改变原有品种的基本性能,它要求企业对现在生产的各种产品进行改进和改造,找出更加合理的产品结构,从而使产品具有更强的市场竞争力。

技术创新和产品创新既密切相关,又有所区别。技术创新可能带来但未必带来产品创新,产品创新可能需要但未必需要技术创新。一般来说,运用同样的技术可以生产不同的产品,生产同样的产品可以采用不同的技术。产品创新侧重于商业和设计行为,具有成果的特征,因而表现得更加外在;技术创新具有过程的特征,往往表现得更加内在。产品创新可能包含技术创新的成分,还可能包含商业创新和设计创新的成分。技术创新可能并不带来产品的改变,而仅带来成本降低、效率提高。另外,新技术的诞生往往可以带来全新的产品,技术研发往往对应于产品或者着眼于产品创新;而新的产品构想,往往需要新的技术才能实现。

市场:技术创新的出发点

市场是检验技术创新成功与否的最终标准,是技术创新的归宿,同时也是技术创新的出发点。创建于1987年12月的浙江久立集团,其前身是湖州防火电缆厂和湖州不锈钢管厂,是一家乡镇企业。随着20世纪80年代我国建筑业的发展以及对建筑物质量要求的不断上升,防火电缆成为一个很大的潜在市场。浙江久立集团公司董事长兼总经理周志江正是看准了市场,坚持着百般艰难的氧化镁矿物防火电缆技术创新。

该集团于1989年与上海电缆研究所开展技术合作,联合开发氧化镁矿物绝缘电缆,即MI电缆,填补了国内空白。又于1991年与上海电缆研究所成立科研生产联合体,"八五"期间投入4 320万元技改资金,扩建MI电缆生产线,生产各种系列氧化镁矿物防火电缆,期望该产品可替代进口产品。在上海电缆研究所技术人员的帮助下,通过久立技术人员的不懈努力,产品终于开发成功,并通过了国内权威部门的检测认证。其产品质量达到同类进口产品水平,而价格却仅为同类进口产品的1/8。但是,市场一直没有订单,资金却一直在投入。连续5年,公司每年投入30万元试制费用,加上技术转让费用30万元,直接投入研究开发费用180万元,再加上生产设备、厂房投资,该项目共占用资金几千万元。

技术创新工作的艰难不仅来自技术本身,更来自市场,在压力面前,周志江始终抱定一个信念:从国外建筑市场需求的现状和我国市场的发展趋势来看,防火电缆研究要发展。功夫不负有心人。1995年开始,国内市场逐渐从观望转向实际需求,1996年、1997年市场订货连续上升,至1997年产值达5 000万元,国内一些主要工程项目纷纷来函、来人订购氧化镁矿物防火电缆,一些国内重点工程项目如北京国际贸易中心、上海浦东东方明珠电视塔、《解放日报》新闻大楼、深圳商业中心、广州百货大楼、中国银行南京分行等项目,都采用了久立耐火电缆。久立人用顽强的毅力创新成功,为企业创出了经济效益,填补了国内空白,为国家节省了大量外汇。

技术创新之路确实不平坦,然而,只要看准市场,集思广益,坚持不懈地研究开发、开拓市场,必定能到达胜利的彼岸。

二、技术创新的战略定位

一个企业面对自己的内部和外部环境,要想获得技术创新的成功,必须结合自身的特性、价值观、核心专长等,在为企业总战略服务的基础上给技术创新战略定位。技术创新按其创新目的的不同来划分,可分为四种不同的定位。

(一) 定位于低成本领先战略

该战略一般要求企业本来就是成本领先者,除非一些小企业通过重大的技术变革使一个企业得以彻底改变其地位。企业在确立以低成本领先战略为其技术创新目的时,必须围绕降低成本、简化工艺流程进行相关产品开发和应用及先进设备创新、改进与引进下功夫。企业要注重控制技术、产品技术、工艺技术,尽可能降低制造成本,生产标准化产品。总之,企业要降低生产成本保持市场最低价,获得成本领先地位。

(二) 定位于高差异战略(差异领先战略)

该战略一般要求原材料购进质量好,产品性能好,有较好的工艺,具有独特的个性,满足顾客特殊需要,生产规模相对较小等,总之产品对于消费者而言要有与众不同的价值感受。企业在确立以高差异战略(差异领先战略)为其技术创新目的时,必须围绕优质原材购进,产品独特的工艺,产品独特的性能、功能、设计及包装下功夫,注重工艺技术即尽量使产品工艺精细,注重产品技术即尽量设计具有独特风格、性能、功能的产品等,使顾客从产品中获得独特的价值感受、独特的消费享受。

(三) 定位于先动战略

先动战略是指企业面对竞争对手,第一个采取行动方案,凭借其较强的研发能力,通过对新产品的革新与开发或改变游戏规则等而获得竞争优势。它要求企业具有较雄厚的资金和研发能力,对市场具有较强的洞察、反应能力。采取先动战略可以在产品技术、工艺技术、控制技术等某一技术或多个技术上进行突破与创新。

(四) 定位于范围经济战略

范围经济是指企业通过对核心技术、无形产品的拥有及对有形产品的生产,形成一条创新链,进行一系列的产品研制与开发,获得规模经济,增强企业竞争力,为企业获得高额利润。采用这种创新要求企业在产品核心技术上进行研究与开发,同时注重产品技术的扩散与应用。例如,在家电行业中,如果攻克了制冷核心技术,则不仅可以将其技术应用于制冷家电,还可以应用于工业制冷设备,生产出一系列产品,形成一定的规模,产生范围经济。

科龙公司的技术创新

科龙公司生产的容声牌冰箱、科龙牌空调和三洋牌冷柜享誉全国并出口海外。作为中国家电产业领头羊的科龙公司,为了应对国内外的竞争,科龙人采取的措施是加快自己的技术创新,提高产品的技术含量,提高产品的档次。科龙集团还成立了香港科龙发展有限公司,同时加快技术研发的步伐,加大对技术更新的投入。

在激烈的市场竞争中,科龙人不断集中独特的技术,开发优质新产品、引导新潮流成为科龙精品的一大特色。例如,在国外,最先研发出电子除臭旋转功能的是科龙容声冰箱;首先开发出无氟电冰箱;率先推出全自动除霜功能的是科龙容声冰箱;首家推出大圆弧门、太空流线型冰箱外观的是科龙容声冰箱等。

三、技术创新的方式

实施技术创新的方式多种多样,总的来说有以下几种。

(一) 自主创新

自主创新是指企业依靠自身的资源通过研究、探索获得技术突破,攻破技术难关,并在此基础上推动创新的后续环节,完成技术的商品化,获取商业利润,达到预期目标的创新活动。自主创新是一种先动行为,它可以是一种根本性的变革,也可以是一种渐进的改变,它是一种对领先企业较为适用的方式。它是领导行业发展、垄断市场、获得丰厚利润、实现成本领先战略的有效方法,同时也可达到获得高差异的目的。自主创新要求企业有很强的研发能力、较雄厚的经济实力及管理组织能力。自主创新有投资大、周期长、风险大、收益大等特点,一旦获得成功,就奠定了自身在行业中的领导地位。

(二) 内部转移创新

一般而言,内部转移创新是一个企业或更多的是一个进行相关多元化发展的集团公司所采用的方法。当公司在某一个产品、某一个领域,特别是企业核心技术方面有所突破,某一技术在行业中领先时,不仅可在某一范围内受益,还可以将技术转移到集团的子公司或其他领域而受益。各子公司或事业部分享技术创新成果,这样既可以形成集团公司在市场上的整体竞争实力,也分摊了研发中昂贵的投资成本,降低研发费用。如一个集团公司在电冰箱的制造中突破了制冷技术,则不仅在电冰箱的生产中使技术在同行业中获得领先地位,得到丰厚的超额利润,而且可以把制冷技术转移到空调或者工业制冷领域上,在集团公司内共享研发成果。同时,研发费用也可以分摊到空调、工业制冷产品上,从而降低研发成本,产生规模效益。

(三)学习/模仿创新

学习/模仿创新是指企业通过学习模仿率先创新者的创新思路和创新行为,吸取率先创新者成功的经验和失败的教训,引进、购买或反求破译率先创新者的核心技术秘密,实行对产品功能、生产工艺等的发展与改进的一系列活动。它是一种跟进行为,是一种从渐进走向根本性变革的技术创新过程。它具有模仿跟随性、开拓性、资源投入的中间聚积性等特点。它通过注重创新链上的产品设计、工艺制造、批量生产、质量控制等中后续环节的投入,形成丰厚的技术积累,生产出在性能、质量、价格等方面富有竞争力的产品,并加入企业竞争。学习模仿创新可以通过技术的积累将知识和能力内化于企业组织结构之中,形成企业的一种重要的无形资源,提高企业的基础竞争力。

(四)合作/联盟创新

合作/联盟创新是指企业间或企业、科研机构、高等院校之间的联合创新行为。它通常以合作伙伴的共同利益为基础,以资源共享或优势互补为前提,有明确的合作目标、合作期限和合作规则,合作各方在技术创新的全过程或某些环节共同投入、共同参与、共享成果、共担风险。合作的成员之间可以是供需关系,也可以是相互竞争关系。它是合作各方在全球技术竞争不断加剧、企业创新活动越来越复杂的情况下做出的必然选择。合作/联盟创新可以缩短创新时间,增强企业的研究能力,分散企业的创新风险。该创新方式一般集中在高新技术产业。

(五)外购或购并创新

外购创新是指企业为了更加有效地建立和发挥核心专长,获得商业利润,提高企业在市场上的竞争力,通过合法手段购买一个研究机构或其他企业的专利技术,建立自己的核心专长,获得市场竞争优势。购并创新则是通过购并一个企业而获得这个企业的技术创新成果和能力。外购方式投资相对较少,掌握技术较快,有利于企业缩短研制周期,减少风险,缩小竞争中的差距。但外购的技术往往是别的企业已经采用的技术,它们会给企业开发新产品带来一定的困难。并且,经常依赖外购来实现创新,容易使企业内部创新能力减退。一般情况下,外购技术可以产生良好的短期回报,但在不知不觉中,企业会减少对新技术研究开发的投资,包括研发费用和人力的投入,特别是某些技术诀窍只有在研究开发的过程中才能学会。如果企业过分依赖技术外购,这势必影响企业的技术创新能力,从而最终损害企业的长远利益。

> **案例**

联想的技术研发

一是形成完善的研究开发体系。联想分别在美国硅谷、中国香港地区和北京设有研究开发中心。设在美国硅谷的研究中心,作为跟踪世界研究开发的窗口和引进新技术、新产品的前沿阵地,主要目的是用来捕捉世界范围内的新信息,在对技术信息的收集、整理、加工运用的基础上,开发出符合国内公司要求的新技术、新产品,并将开发出来的科技成果传输到中国香港,达到充分利用发达国家的先进技术和良好的研究开发环境为本国企业和国内的研究开发机构服务的目的。中国香港的研究开发中心负责新技术的实施、条件论证、前景分析和市场推广,然后再反馈到北京。北京的研究开发中心对立项的新技术进行整体设计并投入生产。这三个研究开发中心保证了联想与世界先进技术同步。二是积极进行国际合作。联想集团与英特尔、微软、惠普等国际知名企业建立了良好的战略合作关系,通过合作联想不仅学到了国外知名企业先进的管理经验,而且吸收了国际先进技术。三是建立了一套良好的人才培养、激励机制。靠这套机制,联想吸引了大量优秀的、具有进取精神的研究开发人才,为产品开发积累了人才。

知识点二:组织创新

一、组织创新的定义

组织创新是指商业实践、工作场所组织或外部关系等方面新的组织方式的实践。组织创新的目的是通过减少管理成本或交易成本、提高员工的满意度(和劳动生产率)、获得不可交易的资产或减少供给的成本,以提高企业的绩效。

企业组织创新是通过调整优化管理要素人、财、物、时间、信息等资源的配置结构,提高现有管理要素的效能来实现的。作为企业的组织创新,可以有新的产权机制、新的用工机制、新的管理机制,公司兼并和战略重组,对公司重要人员实行聘任制和选举制,企业人员的调整与分流等。

二、组织创新的主要内容

组织创新的主要内容包括企业组织的职能结构、管理体制(组织体制)、机构设置、横向协调、运行机制和跨企业组织联系六个方面的变革与创新。

(一) 职能结构的变革与创新

(1) 走专业化的道路,发展专业化社会协作体系,精干企业生产经营体系,集中资源强化企业核心业务与核心能力。

(2) 加强生产过程之前的市场研究、技术开发、产品开发和生产过程之后的市场营销、用户服务等过去长期薄弱的环节,同时加强对信息、人力资源、资金与资本等重要生产要素的管理。

(二) 管理体制(组织体制)的变革与创新

管理体制是指以集权和分权为中心,全面处理企业纵向各层次特别是企业与二级单位之间权责利关系的体系,亦称为组织体制。其变革与创新要注意管理人员的重新安排、职责权限的重新划分等。

(三) 机构设置的变革与创新

考虑横向上每个层次应设置哪些部门,部门内部应设置哪些职务和岗位,怎样处理好它们之间的关系,以保证彼此间的配合协作。

(四) 横向协调的变革与创新

有三项措施:实行相关工序之间的指挥和服从;主动协作、工作渗透的专业搭接制度;对大量常规性管理业务,在总结先进经验的基础上制定制度标准,大力推行规范化管理制度。

(五) 运行机制的变革与创新

建立企业内部的"价值链",上下工序之间、服务与被服务的环节之间,用一定的价值形式联结起来,相互制约,力求降低成本、节约费用,最终提高企业整体效益。改革原有自上而下进行考核的旧制度,按照"价值链"的联系,实行上道工序由下道工序考核、辅助部门由主体部门评价的新体系。

(六) 跨企业组织联系的变革与创新

前面几项组织创新内容,都是属于企业内部组织结构及其运行方面的内容,除此之外,还要考虑企业外部相互之间的组织联系问题。重新调整企业与市场的边界,重新整合企业之间的优势资源,推进企业间组织联系的网络化,这是 21 世纪企业组织创新的一个重要方向。

三、组织管理模式的改变

迈入移动互联网时代,企业经营环境变化速度加快,颠覆创新机会变多,人才和产品竞争更激烈。企业除了在移动互联技术和大数据武装下重新审视端到端的用户体验和倍增的商业模式之外,组织管理模式也必须与时俱进,进一步释放人才的创造力和竞争力。新一代的组织管理模式势在必行。

为了应对不确定的外部环境,传统主流组织管理模式须做出两个根本性改变。

(一) 组织形态

从"科层"转变为"网络"。为了发挥人才活力和团队敏捷性,快速响应和满足客户需求,组织形态应主要由扁平化的网络结构组成:围绕用户不同需求或痛点而提供的服务或产品,由业务团队负责,他们直接面对用户和竞争对手,也是创造营收和利润的源头;支援后台,像航空母舰或军事基地给小团队补给武器和弹药一样,通过强大的平台支持帮助他们提升任务完成的成功概率;对于公司不擅长的领域,和战略合作伙伴结成盟友关系,通过生态协同促进化学反应。

(二) 协作机制

从"管控式"转为"市场化"。由于不再依赖高层指挥和拍板,小团队之间、团队和平台之间需要一套简单有效的协调机制进行有序衔接。这种机制可通过共同使命、利益分配和信息共享,让网络各个节点有序运作。

案例

小米的组织管理创新

小米的扁平化管理是基于其相信优秀的人本身就有很强的驱动力和自我管理的能力。小米的组织架构没有层级,基本上是三级:7个核心创始人→部门负责人→员工。而且不会让团队太大,稍微大一点就拆分成小团队。从小米的办公场所布局就能看出这种组织结构:一层产品、一层营销、一层硬件、一层电商。每层由一名创始人坐镇,能一竿子插到底地执行。大家互不干涉,都希望能够在各自分管的领域给力,一起把事情做好。

除7个创始人有职位外,其他人都没有职位,都是工程师,晋升的唯一奖励就是涨薪。不需要你考虑太多杂事和杂念,没有什么团队利益,一心在事情上。

这样的管理制度减少了层级之间相互汇报浪费的时间。小米当年2 500多名员工,除每周一的1小时公司级例会之外很少开会,也没什么季度总结会、半年总结会。成立的前3年,7个合伙人只开过3次集体大会。2012年"8·15电商大战",从策划、设计、开发、供应链仅用了不到24小时准备,上线后微博转发量近10万次,销售量近20万台。

启示:小米的管理创新之一就是组织创新,互联网时代,组织创新增添了企业的活力。

知识点三:制度创新

管理制度是指企业日常运营的各种具体制度的总称。它的主要作用是规定企业如何取得和运用资源。管理制度对于创新的重要作用是使资源使用向创新倾斜,使企业敢于冒风险,勇于创新。同时还保证创新者从创新中获得利益,以激发创新者的热情。

企业制度创新是企业创新系统中的重要组成部分,是指一种更有效的约束本企业职员行为的一系列规则的产生过程,为企业技术创新的组织实施和过程管理提供支撑与保障。它通过激发企业职员的积极性和创造性,促进企业资源的合理配置和利用,从而推动企业进步。企业之间的制度及相关知识基础的差异,使得企业很不容易被模仿。

企业要根据管理的基本原则,结合企业自身的特点,对企业原有的一些内部制度进行创新,以适应多变环境中企业生存发展的需求。

一、企业制度创新的主要内容

(一)人力资源管理制度创新

建立员工招聘、职业培训、岗位晋升、薪酬激励的创新制度,最大限度地挖掘人力资源价值,激发人的创造力。

(二)绩效考核制度创新

建立绩效考核的创新制度,使绩效考核的内容全面、可量化,同时使考核的检查简化、结果准确。

(三)财务管理制度创新

建立财务管理创新制度,充分发挥财务对组织决策、控制的作用。

(四)营销制度创新

建立营销创新制度,实现准确把握市场需求,快速满足市场需求,率先引导市场需求。

(五) 运行制度创新

建立运行创新制度,达到高质、高效、低耗、灵活、准时生产合格产品或提供满意服务。

二、管理制度创新应注意的问题

(一) 规范性与创新性的关系

从本质上来说,制度的功能是协调和规范人的行为。企业的管理制度本身就是一种规范,这种规范的存在,在一个多变的风险社会中尤其重要,因为规范意味着某种程度的科学性,制度的建立有利于降低不确定性和风险。但是如果组织已经习惯了某些规范或从中获利而不愿放弃固有的规范的话,这种规范有时也可能成为组织发展和创新的一种障碍。在快速变化、动荡不安的环境下,企业管理制度也必须保持动态性。因此,管理制度应把规范和创新性很好地结合起来。

(二) 管理制度建设与人本管理的关系

建立在传统管理思维基础上的管理制度侧重于组织的稳定、规范和效率,主要使用一系列详细制定的规则来管束员工,使员工被动地、有效地完成既定的工作。这种制度强调的是组织的整体性,却忽略了员工的个性与员工的创造性。在管理制度创新中,要突破以物质资本为主的传统,建立以人为本的管理思想,并在整个企业管理制度中付诸实施。以人为本就是要一切以人为中心,重视人的因素,注重对人的积极性、创造性的激励。在组织整体发展的前提下承认和鼓励员工的个性与创造性,营造个体能发挥创新精神的组织环境,最大限度地发挥员工的潜能,调动员工的积极性。

(三) 重视企业文化建设对于管理制度创新的重要性

一方面,文化所形成的对员工的约束是一种软约束,这种软约束与企业的各种管理制度一样,都形成了企业员工的行为规范。另一方面,一个组织的文化决定了组织在哪些方面的制度创新成本会比较小,而这种选择又会强化文化在这方面的发展。因此,文化可以决定制度创新的方向,但又可能阻碍创新活动的发展,使组织长期停滞不前。在这种情况下,文化创新就成为企业创新必需的先决条件。只有充分重视企业文化建设,才能更有效地推动其他方面的管理制度创新。

管理导问:如何选择技术创新之路?

2017年3月4日下午,北京国家会议中心内上演了一场精彩绝伦的工业机器人秀,与会者共同见证了格力电器(简称〈格力〉)自主研发的智能装备成果。格力工业机器人与国外顶尖工业机器人进行了现场较量,在机器人的速度、重复定位精度和稳定性等方面,格力工业机器人均不逊于国外机器人。截至2017年2月,格力已自主研发了近100种自动化产品,覆盖了工业机器人、智能AGV(自动导向车)、注塑机械手、大型自动化线体等10多个领域,拥有20多项设计专利。在为格力内部生产提供智能装备的同时,格力智能装备也应用到电器、新能源、食品节能等多个领域。

格力总裁董明珠表示,格力电器依靠智能装备和自主研发,一定会有一片蓝天。她强调:"我从来不认为买一个技术,能让一个企业成长大。""宁可慢,也要实现自主创新,必须要走自主创造的道路。"随着"中国制造2025"的提出和德国"工业4.0"带来的启示,"自动化""无人化"生产已成为制造业发展的趋势。未来格力将紧密围绕机器人和精密机床两大领域进行深入研究,在完成自身制造系统转型升级的同时为"中国制造2025"提供一批完全自主研发的高端装备。截至2017年2月,格力电器拥有8 000多名技术开发人员,涉及很多研究方向,每年也投入了大量的研究开发经费。

发展智能制造,推动中国制造转型升级,是自主创造还是购买先进成果?全球化背景下中国企业在技术与创新管理方面应当如何作为?在2017年的智能装备高峰论坛上,嘉宾们纷纷表示,中国制造如果要走向世界,自主创造是唯一路径,别无他途。供给侧改革,不能靠模仿别人的技术,而要靠自主创造,从根子上提高中国人的技术创新能力。对于中国制造业转型升级的路径问题,人民日报社副社长张建星表示,近年来我国制造业企业创新能力快速提升,但依靠自主创新凭借核心技术进入世界500强的企业仍然不多。自主创新需要时间,需要投入,存在风险,拿来主义更容易甚至也似乎更有效果。但如果一个企业、一个行业只满足于模仿,靠山寨闯市场谋发展,丧失的就是企业的长期前景,伤害的就是行业的健康秩序,损害的更是中国制造业的发展动力。

大中型企业有足够的财力支持自主创新,中小企业是否也有条件探索自主创新之路?

第三节　创新活动的组织引导和风险管理

管理者素质的核心是创新。创新的灵魂是观念创新,管理者必须紧跟时代步伐,抢抓机遇,大胆创新,不断创造和拥有更新的思想、更新的观念,不断增强企业的核心技术优势,优化、调整企业内部资源配置,充分发掘企业内部潜力,增强竞争实力,促进企业的长远发展。

导入案例 6.3

安踏的创新管理战略

安踏(中国)有限公司创建于1991年,旗下拥有多个中国及国际知名的运动品牌,多年来,安踏公司秉承"安心创业、踏实做人、创百年品牌"的经营理念,经过不懈努力,已发展成为国内最大的集生产、制造与营销导向于一体的综合性体育用品企业。

随着安踏品牌运作的成功,许多消费者会拿它与国外诸如耐克、阿迪达斯等知名品牌相比较,这时候安踏充分意识到市场策略与品牌发展策略的重要性,所以提出:"安踏不想做中国的耐克,而是要做中国的安踏、世界的安踏,就是要通过树立自己鲜明的个性,成为'中国乃至世界大众都喜欢的安踏'"。于是安踏给自己定位了"运动休闲"的另外一种品牌特性。很显然,安踏这一品牌发展思路是正确的,可以避免使自己的品牌失去个性,沦为一个跟随者。

创新是任何一家公司持续焕发青春的发动机。在安踏从小到大发展的30多年里,有许多同行没有活下来,但安踏却能够大踏步前进,跟它骨子里敢为天下先的创新精神有关。公司董事局主席兼首席执行官丁世忠说过:"我最大的优点就是敢学敢用,我最大的个性就是不断地否定自己。"这是一种创新精神。安踏的创新,不是那种一招鲜吃遍天、单纯靠某个点子的创新,而是整个经营管理体系的创新。创新精神和创新策略已经成为公司价值观重要的组成部分。

一、营销创新

从一家制造业公司走到2000年,安踏开始认识到建立一家品牌公司的重要性。随着转型为以品牌为主导的公司,它越来越重视创新。1999年年底,公司与当时的乒乓球世界冠军孔令辉签约,推出以孔令辉为素材的电视广告片,广告语是"我选择我喜欢"。通过央视体育频道的传播,再加上2000年孔令辉夺得悉尼奥运会冠军,安踏品牌的知名度迅速提高,开始在全国扬名。

尝到与体育资源合作的甜头后,2004年,安踏展开进一步的体育营销战略,与中国篮球职业联赛、中国排球职业联赛、中国乒乓球俱乐部超级联赛这三项知名联赛合作,进一步扩大了品牌影响力。

从2009年到现在,安踏的品牌建设实现了从量变到质变的飞跃,其中,最重要的举措是安踏成为2009—2012年中国奥委会合作伙伴。安踏跟中国奥委会合作,目的是将安踏代表中国这个理念发扬光大,让人一提到安踏就知道它是中国的运动品牌。另一个目的是代表运动精神,奥林匹克运动超越了商业利益,安踏希望代表的正是中国的这种超越利益的运动精神,喊出"这一刻,为中国"的口号,将安踏品牌与中国体育代表团里最著名的运动员联系在了一起。

二、技术创新

2005年,安踏投资3 000多万元成立了中国国内运动品牌第一家运动科学实验室,依据运动员的身体数据进行运动科技和功能设计的开发,实验室与比利时著名的运动鞋研发机构RSscan(爱思康国际公司)、北京体育大学生物力学教研室以及中国皮革和制鞋工业研究院合作,致力于运动鞋的安全性、舒适性的研究和技术创新。到2013年为止,中国有关运动科学(比如说运动服装、运动鞋、运动用品配件)的标准,有三分之一是出自安踏的运动科学实验室,它已经为安踏贡献了超过40项国家级专利。也是从2005年开始,安踏在运动鞋技术创新上有了新的突破。其中,包括安踏独有的技术"芯技术"(A-Core)。这项技术提供了较强的稳定和缓震功能,帮助提高运动表现,可以在运动中体验稳定、平衡和自然的着地感觉。目前,"芯技术"已经发展到第三代。在2013年前后,中国95%的篮球运动员都穿上了安踏生产的篮球鞋。

三、设计创新

安踏的设计创新,从创意设计结构开始进行规划,是整个设计链条的创新。公司虽然是以中国市场为主,但在设计团队方面俨然是个"联合国",创意总监和设计师队伍里有来自韩国、日本、法国、美国、英国等国家的人才。

四、制度创新

除商品创新外,安踏的制度创新和人力资源创新方面也有可圈可点之处。公司专门请麦肯锡、科尔尼等咨询公司做战略规划、管理模式设计等工作,同时鼓励员工不断挑战现有制度,不断变革。安踏一方面通过与咨询公司合作制定各种管理流程,规范管理细节;另一方面,多方招揽人才,打造多元化的品牌管理团队。

为了使骨干员工没有后顾之忧,安踏的配套工作做得很细。它坚持实施期权鼓励政策,也令员工与公司的发展结合得更加紧密。

问题：安踏实施了哪些管理创新策略？这些策略对企业的发展起到了哪些积极作用？

知识点一：创新活动的组织引导

组织的管理者不仅要对自己的工作进行创新,更主要的是组织创新,为部属的创新提供条件、创造环境,有效地组织系统内部的创新。

一、正确理解和扮演"管理者"的角色

管理人员往往是保守的,他们往往自觉或不自觉地扮演现有规章制度的守护人的角色。为了减少系统运行中的风险,防止大祸临头,他们往往对创新尝试中的失败吹毛求疵,随意惩罚在创新尝试中遭到失败的人,或轻易地奖励那些从不创新也从不冒险的人。在分析了前面的关于管理的维持与创新职能的作用后,再这样狭隘地理解管理者的角色,显然是不行的。管理人员必须自觉地带头创新,并努力为组织成员提供和创造一个有利于创新的氛围与环境,积极鼓励、支持、引导组织成员不断进行创新。

二、大力促进创新组织氛围的形成

促进创新的最好方法是大张旗鼓地宣传创新、鼓励创新、激发创新,树立"无功便是有过"的新观念,使每一个成员都能奋发向上,努力进取,跃跃欲试,大胆尝试。要营造一种人人谈创新、时时想创新、无处不创新的组织氛围,使那些无创新欲望,或有创新欲望却无创新行动从而无所作为者自己感觉到在组织中无立身之处,使每个人都认识到组织聘用自己的目的,不是要自己简单地用既定的方式重复那些也许重复了许多次的操作,而是希望自己去探索新的方法、找出新的程序,只有不断地去探索、去尝试,才有继续留在组织中的资格。

三、制订有弹性的计划

创新意味着打破旧的规则,意味着时间和资源的计划外占用,因此,创新要求组织的计划必须具有弹性。创新需要思考,思考需要时间。把每个人的每个工作日都安排得非常紧凑,对每个人在每时每刻都实行"满负荷工作制",创新的许多机遇便不可能被发现,创新的构想也无产生条件。同时,创新需要尝试,而尝试需要物质条件和试验的场所。如果要求每个部门在任何时间都严格地制订和执行

严密的计划,则创新会失去基地,而永无机会尝试的新构想,就只能留在人们的脑子里或图纸上,不可能给组织带来任何实际的效果。因此,为了使人们有时间去思考、有条件去尝试,组织制订的计划必须具有一定的弹性。

四、正确地对待失败

创新的过程是一个充满着失败的过程。创新者应该认识到这一点,创新的组织者更应该认识到这一点。只有认识到失败是正常的,甚至是必须的,管理人员才可能允许失败,支持失败,甚至鼓励失败。当然,支持尝试,允许失败,并不意味着鼓励组织成员去马马虎虎地工作,而是希望创新者在失败中取得有用的教训,学到东西,变得更加明白,从而缩短下次失败到创新成功的路程。

五、设立合理的奖酬制度

要激发每个人的创新热情,还必须建立合理的评价和奖酬制度。创新的原始动机也许是个人的成就感、自我实现的需要,但是如果创新的努力不能得到组织或社会的承认,不能得到公正的评价和合理的奖酬,则持续创新的动力会渐渐削弱至消失。

总统促销

从前,有位美国出版商,他的手中有一批滞销书,久久不能脱手。一天,他想出了一个主意。他给总统寄去一本书,并三番五次地征求总统的意见。忙于政务的总统不堪其烦,于是便敷衍道:"你这本书不错。"于是,他立刻打出一则广告:"我处现有一本总统先生认为不错的好书,欲购从速。"人们蜂拥而至,书被抢购一空。

不久后,这位出版商又有批书卖不动了,他又给总统寄去一本。这回,总统有心奚落他,便说道:"你这本书简直糟透了。"出版商随即打出广告"本处现有一批总统先生认为糟透了的书,欲购从速"。结果,书又被人们抢购一空。

第三次,这位出版商故伎重演。这次,总统接受了前两次的教训,于是不置可否。这位出版商灵机一动,又打出一则广告:"我处现有一本连总统先生也难以下结论的书,欲购从速。"结果书还是被抢购一空。

知识点二：创新活动的风险管理

创新风险是指由于外部环境的不确定性或内部对创新过程难以有效控制而造成创新活动失败的可能性。在创新过程中，风险总是客观存在、不可避免的，风险可能会导致创新活动达不到预期目标。创新要敢于冒险，但这并不意味着冒险。因此，企业必须建立有效的风险管理机制。

一、降低合作创新风险

企业要从能力、责任、制度、技术和财务等方面对创新合作伙伴进行详尽的风险考核，选择发展稳健的合作者，降低合作创新的风险。在合作者的数量上，以精简为原则，尽量缩短合作链条，以减少合作创新中的不确定性。

二、提高早期风险评估能力

加强企业对研发成果商业潜力的早期风险评估能力，或者与专业的风险评估机构进行合作，充分评价"流出"和"流入"企业的创意的潜在商业价值，从而避免造成损失。

三、吸引企业内外创新人才

通过改善企业内部的人力资源管理方式、规范人事规章制度、建立合理的创新激励机制，保持对企业内外人才的吸引力，稳定企业内部研发组织结构，避免企业核心研发人员过多离职出走，从而避免企业内部创意流失。

四、不断变革企业的商业模式

创新主要强调的是企业整合创新资源的能力，即"怎么卖胜过卖什么"。从本质上来说，创意与技术本身是没有任何价值的，它们的价值是由将其市场化的商业模式决定的。商业模式相当于中介机构，从而把技术领域和经济领域连接起来。一项普通的创意或技术配以非常先进的商业模式，可能会比非常先进的创意或技术配以普通的商业模式更能创造价值。

五、建立健全内部控制体系

明确企业内部管理层以及具体操作人员的职权和责任，实行严格的问责制。加强对创新的激励约束机制建设，建立足以监控、管理和报告创新产品交易风险的管理信息系统，实施全面的内部控制与稽核制度，有效发挥内部监管职能。

> **案例**
>
> **你替我搬**
>
> 英国有一家大型图书馆要搬迁,由于该图书馆藏书量巨大,因而搬运成本非常惊人。就在这时,有一个图书管理员想出了办法,那就是马上对读者敞开借书,并延长还书日期,前提是读者增加相应押金,并把书还入新的地址。这一措施得到了采纳。结果,这个办法不但大大降低了图书搬运成本,还受到了读者的欢迎。

小 结

1. 创新是指组织把新的管理要素或要素组合引入管理系统,形成一种创造性思维,从而更有效地实现组织目标的活动过程。

2. 有效的管理在于适度的维持与适度的创新的组合。

3. 创新具有创造性、风险性、高收益性、系统性和综合性、时机性、适用性等特点。

4. 创新的过程分为6个阶段:知识创新、技术开发、匹配、生产开发、市场开发和评估反馈。

5. 根据创新程度的不同,创新策略可分为首创型创新、改仿型创新和模仿型创新3种。

6. 技术创新指生产技术的创新,包括开发新技术,或者对已有的技术进行应用创新。技术创新是企业创新的主要内容,主要表现在要素(材料及手段)创新、要素组合方法(工艺)创新以及要素组合成果(产品)创新等方面。

7. 组织创新的主要内容包括企业组织的职能结构、管理体制、机构设置、横向协调、运行机制和跨企业组织联系6个方面的变革与创新。

8. 制度创新是企业创新系统中的重要组成部分,是指一种更有效的约束本企业职员行为的一系列规则的产生过程,为企业技术创新的组织实施和过程管理提供支撑与保障。

9. 创新活动的组织引导应做到:正确理解和扮演"管理者"的角色。

10. 管理者不仅要对自己的工作进行创新,而且主要的是进行组织创新,要为部属的创新提供条件、创造环境,有效地组织系统内部的创新。

11. 企业必须建立有效的风险管理机制,包括:降低合作创新风险、提高早期风险评估能力、吸引企业内外的创新人才、不断变革企业的商业模式以及建立健全内部控制体系。

练习题

一、名词解释

1. 创新
2. 技术创新
3. 组织创新
4. 制度创新
5. 自主创新
6. 创新的风险性
7. 首创型创新
8. 改仿型创新
9. 模仿型创新

二、选择题

1. 以下不属于创新特征的是(　　)。
   A. 高风险性　　B. 高回报率　　C. 时效性　　D. 非理性
2. 以下不属于创新思维的前提条件的是(　　)。
   A. 知识和经验的积累　　B. 客观压力
   C. 强烈的好奇心　　D. 求胜心
3. 企业创新的动力机制是(　　)。
   A. 为社会谋福利　　B. 效益最大化
   C. 制造高性能产品　　D. 为民族工业发展作贡献
4. 从产品生产角度分析,以下不属于技术创新范围的是(　　)。
   A. 材料创新　　B. 设备创新　　C. 工艺创新　　D. 物流创新
5. 企业成功的基础因素包括(　　)。
   A. 制度、组织　　B. 人才、资本技术、信息
   C. 管理、营销、企业文化　　D. A、B 和 C

6. 制度创新是一个(　　)。

   A. 静态过程

   B. 从制度均衡到非均衡的过程

   C. 从非均衡到制度均衡的过程

   D. 制度均衡与非均衡交替出现的动态循环上升过程

7. 创新型公司要做到对员工放松控制,其基本形式是(　　)。

   A. 给员工一定自由支配的时间　　B. 给员工一定自由支配的资金

   C. 尽量避免多层审批　　　　　　D. 给员工减少工作压力

8. 熊彼特认为经济增长和发展的"主发动机"是(　　)。

   A. 管理　　　B. 营销　　　C. 创新　　　D. 人才

9. 维持与创新的关系是(　　)。

   A. 维持是为了实现创新的成果

   B. 创新是维持的逻辑延续

   C. 维持是创新基础上的发展

   D. 创新为更高层次的维持提供依托和架构

10. 以下行为中,不属于创新的是(　　)。

    A. 海尔集团开发的小小神童洗衣机投入生产

    B. 长虹集团初次进入空调生产领域

    C. 福特公司在20世纪初采用流水线生产汽车

    D. 微软开始向用户提供视窗服务器2003操作系统

11. 创新型组织往往会(　　)。

    A. 更注重结果且避免风险　　B. 更注重结果但接受风险

    C. 更注重手段且避免风险　　D. 更注重手段但接受风险

12. 就有形的物质产品而言,产品创新不表现在(　　)。

    A. 功能创新　　B. 结构创新　　C. 外观创新　　D. 价格创新

13. 创新过程包括的阶段有(　　)。

    A. 准备阶段　　　　　　　　B. 寻找机会

    C. 提出构想　　　　　　　　D. 实施构想

三、判断题

1. 创新的本质是求异。　　　　　　　　　　　　　　　　　　(　　)

2. 创新的风险很低。　　　　　　　　　　　　　　　　　　　(　　)

3. 创新是全方位提高企业素质的最有效的方式。（ ）
4. 创新能够促进企业的自我发展。（ ）
5. 创新必须打破习惯势力，不断注入新的管理思想和方法。（ ）
6. 创新是对原有秩序的一种破坏。（ ）
7. 创新中物质奖励胜于一切别的奖励。（ ）
8. 企业创新的动力机制主要是效益最大化。（ ）
9. 创新就是发明。（ ）
10. 创新是研究开发的雅称。（ ）
11. 对于任何企业来说，要想取得高额利润，必须不断进行首创型创新。（ ）
12. 模仿型创新者不用承担市场风险，市场开发成本低，因此模仿型创新是想取得市场领先地位企业的首要选择。（ ）
13. 企业创新的基本思路是有计划和有步骤地放弃老产品，放弃正在过时的东西。（ ）
14. 麦克利兰认为，创新者的主要动机是对成就的追求以及创新成功后获得的心理上的满足。（ ）
15. 意外的成功往往可以揭示创新，而意外的失败则意味着无法进行创新。（ ）

四、简答题

1. 简述维持职能与创新职能的关系。
2. 简述创新的特征。
3. 简述创新的五种形式。
4. 简述决定技术创新的因素。
5. 简述如何提高管理创新能力。
6. 简述技术创新、制度创新与管理创新的关系。

五、论述题

1. 联系实际谈谈企业家为什么愿意投入大量的人力、物力进行创新？如何进行有效创新？
2. 你认为创新才能是天生的吗？企业能通过培训来提高员工的创新能力吗？
3. 企业的创新与经济效益之间存在必然联系吗？为什么？
4. 联系实际谈谈管理者如何对创新活动进行组织引导。

5. 富有创新精神的文化使组织变得更有效吗？为什么？

六、案例分析题

案例1　小天鹅的末日管理

无锡小天鹅始创于1958年。它从1978年中国第一台全自动洗衣机的诞生到2010年品牌价值达150.16亿元，成为世界上极少数能同时制造全自动波轮、滚筒、搅拌式全种类洗衣机的全球第三大洗衣机制造商。2012年，小天鹅推出国内首创、达国际先进水平的热泵干衣机、首台iAdd自动投放洗衣机、全球首台物联网自动投放洗衣机。可以说，作为中国洗衣机市场发展最早，也是唯一还处在市场领军行列的企业，小天鹅的发展成长史，就是一部中国洗衣机产业的创新做强史。几十年来，无锡小天鹅在企业内部推行末日管理，以建立全球性的"横向比较"的信息体系手段，以全员化、立体化、规范化的营销管理体系为支柱，以强有力的人才开发机制为保证，从追求卓越到追求完善，小天鹅的危机意识已经成为全体员工的共同意识。

（1）竞争就是争取消费者。小天鹅运用特殊的比较法参与竞争，将传统的"纵比"改为"横比"，比出了危机。其一，与国际品牌比，找出与世界水平的差距，争创国际名牌。其二，与国内同行比，学习兄弟企业的长处，保持国内领先。其三，与市场需求比，目光紧紧锁住用户，把握市场命脉。其四，以己之短比人之长，努力避免骄傲自满，警钟长鸣。

（2）参与竞争就是提高市场占有率。市场占有率既是企业成功的条件，又是企业成功的标志。占有了市场就是争取到了消费者。小天鹅认为，虽然企业出产的是产品、质量和信誉，但是给企业发工资和奖金的却是广大消费者。今天的小天鹅不仅完成了这个观念上的转变，而且实现了按订单生产，成了"无仓库企业"。小天鹅又提出了"24小时365天运行才是真正的经营"的经营理念。小天鹅还实行双班制生产，推行24小时热线服务，进一步提高了小天鹅的市场控制应变能力和效率，确保了市场占有率。

（3）建立面对市场的全员化、立体化、规范化的营销管理体系。全员化就是多让职工参加营销。立体化就是企业内部在生产、科技营销、人事方面面对市场发扬团队精神，参与市场竞争。规范化就是把行之有效的营销方式制度化，这包括以下内容：人事管理推行"职工就业规则"，对职工的权利义务做了明确详尽的规定；财务管理实行"裁决顺序和签字原则"，明确总经理、副总经理的权限，对公司的日常事务做了详细的规定；实行产品零库存制度，如果产品三天卖不掉，宁可停产。

（4）注重服务。小天鹅在服务上推行了"金奖产品信誉卡"的承诺，将服务监督权交给用户，把服务公约公布于众，坚持做到上门服务带一双鞋，进门两句话，带好三块布，做到四不准，五年保修，随叫随到，如有逾期甘愿受罚，并为用户办理了责任保险；同时，坚持"名品进名店"，还与全国经联会、贸联会、新联会、华联和交电系统的一百多家商界台柱子商场建立了正常友好的业务往来关系。

（5）实施名牌战略，扩大经营规模，提高竞争力。为实行自己的"旭日目标"，小天鹅的做法是：①与同行联盟。小天鹅只有波轮全自动洗衣机，没有滚筒也没有双缸洗衣机，从这点上看，小天鹅要抢占市场份额，确实有难度，偏偏长春罗兰、宁波新乐有设备、有产品，也乐于接受品牌，扩大生产量，小天鹅紧紧抓住这个机遇，达到了双赢。②与相关产品联盟。洗衣机和洗衣粉休戚相关，小天鹅与广州宝洁建立了伙伴式的营销联盟。宝洁公司在自己生产的碧浪洗衣粉包装袋上印刷了一流产品推荐的字样，并标明了小天鹅的商标，而小天鹅则在销售自己产品时分发宝洁公司的碧浪洗衣粉试用品。③与国外大公司联盟。小天鹅与德国西门子公司共同投资，组建了博西威家用电器有限公司生产滚筒洗衣机，又与松下公司合资生产了绿色冰箱，与摩托罗拉、日本电气公司分别结盟成立实验室，使小天鹅的产品始终与世界先进技术保持同步。

思考题：

1. 管理的创新职能在这个案例中体现在什么地方？
2. 小天鹅的末日管理的最大特点是什么？

案例2 裁员问题引起的冲突

A机械设备有限公司2015年上半年出现业绩下滑现象，利润比2014年减少近50%，公司年底还有一笔银行贷款要还。在实行了两个月的节约计划失败后，公司总经理李超向各部门经理和各生产厂长发出了紧急备忘录。备忘录要求各部门、各工厂严格控制经费支出，裁减百分之十的员工，裁员名单在一周内交给总经理。并且规定全公司下半年一律不招新员工，现有员工暂停加薪。

第一分公司经理王毅看到备忘录后，急忙找到总经理询问："这份备忘录不适用于我们公司吧？我们公司完成的销售额超过预期的百分之十，利润也达到年初制定的目标。我们的合同订货量很大，需要增加销售人员和扩大生产能力，只有这样才能进一步为公司增加收入。为了总公司的利益,我们公司应免于裁员。哪个分公司亏损就让哪个分公司裁员,这才公平。"总经理回答:"这份备忘录也包括你们在内。如果我把你们公司排除在外,那么别的公司也都想作为特殊情况处理,这样一来公司的计划如何实现?我这次要采取强制性行动,以确保缩减开支计划成功。"王毅正欲辩解,李超接着说:"我知道你们公司业绩一直不错,但是,你要知道每一位厂长或经理都会对我讲同样的话,做同样的保证。现在,每个单位必须为公司的目标贡献一份力量,不管有多大的痛苦!况且,虽然你们一公司效益较好,但你要认识到,这是和公司其他单位提供资源及密切的协作分不开的。"

"无论你怎么讲,你的裁员指标会毁了我们第一分公司。所以,我不想解雇任何人。你要我裁员,就从我开始吧!"王毅说完,气冲冲地走了。李超坚持要推动公司裁员计划的落实,但李超知道王毅是一名不可多得的管理人才,不愿意王毅离开公司。李超为此犯难。

思考题:

1. 李超有创新精神吗?为什么?
2. 李超应该如何解决冲突?

案例3 福特四缸汽车

美国著名的汽车之父福特,最初只生产两缸汽车。有一天,福特告诉所有科研人员,他说:"现在我要你们研究生产四个缸的汽车。"科研人员听了说:"不可能生产。""不管可能不可能,你们给我研究就是了。"研究了一年,科研人员说:"报告老板,四个缸的汽车是不可能生产的。"福特气恼地说:"让你们研究,你们就继续研究,明年我要的还是四个缸的汽车。"这些人要这个饭碗,就只好听话照做。到第二年年底,他们又说:"报告老板,四个缸的汽车确实是不可能生产出来的。"福特大发雷霆,说:"明年再研制不出四个缸的汽车,就把你们炒掉!谁再说不可能,就离开!让我们一起思考,如何才能生产四个缸的汽车呢?"这些科研人员心里也很烦,可是没有办法,自己毕竟端着老板给的饭碗,只有继续。没想到第三个年头不到半年,四个缸的汽车就研制出来了。后来,福特问:"不是不可能吗?为什么这半年就研制出来了?"有个组长说:"报告老板,在原来意识中,我们不相信会生产出四个缸的汽车。可是这半年,我们每个人都问自己一个问题,我们如何才能生产出四个缸的汽车?"因为他们问对了问题,假如问"我何必要生产四个缸的汽车",恐怕汽车工业史就要重写了。

思考题：

谈谈福特公司创新成功的原因。

案例 4 美国吉列公司的技术创新

吉列公司是以刀片为主导产品的公司，它的产品能打入国际市场并持续较长时间的领先，与它的技术创新关系密切。1901年，麻省理工学院毕业的机械工程师尼克逊成为吉列的合伙人，开始生产很薄且非常锋利的刀片。因为这种产品可以使顾客反复购买，这正是他几年来梦寐以求的新产品。

公司在芝加哥物色了一家代销机构，并规定安全刮胡刀套件（一支刀体和20片刀片）的售价为每套5美元。刀片每20片为一包，每包1美元。当年10月，首次广告提供30天退款保证，在《系统》杂志上刊登，至1903年年底，共售出51万套安全刀体和168万片刀片。在以后的10年中，公司继续以每年30万～40万套的销量出售安全刮胡刀，刀片的销量从45万包增加到7亿包。至1911年，公司的南波士顿厂雇用了1500名员工，3年后，由于尼克逊发明了全自动刀磨机，使其生产能力迅速增加。相比尼克逊以前发明的机器，这些新设备大大降低了生产成本，并提高了刀片的质量。

原来的安全刮胡刀的专利权于1921年10月满期，当年5月，吉列就同时推出了两种新产品：一种按原价出售的新型改进的吉列安全刮胡刀和另一种售价1美元的银朗安全刮胡刀。1923年公司再推出镀金刮胡刀，售价仍为1美元。当妇女盛行短发的时候，吉列又推出称为"得伯特"的女用安全刀，售价仅为79美分。1934年，公司又推出第一种单面安全刮胡刀和Probak Junior刀片，售价为4片10美分。1936年，公司推出了安全刀片系列以外的产品（即吉列无刷刮胡膏），售价为98美分。1938年秋，公司又推出吉列薄刀片，吉列电动刮胡刀也于当年圣诞节问世。公司仍然保持低价销售策略，但十分强调产品质量，以保持产品的信誉。公司采用了本企业研究的新工艺，以便在制造过程中严格保证刀片的质量。1920—1945年，公司没有推出新产品，这是由于战争的影响。尽管如此，公司的研究开发人员成功研制出第一台双刃刀片分配机，改进了过去的包装工作。1964年公司的经营状况很好，其年销售额约为5.2亿美元，这时，吉列的名字已誉满全球。

第二次世界大战后，吉列公司开始实行对外兼并和内部创新，以便成为世界性的多样化经营企业。经过认真分析之后，公司于1948年决定扩大市场，同年购进托尼家用烫发器制造公司,1955 年兼并在加利福尼亚生产圆珠笔和刮胡膏的梅特公司。1960 年,公司又推出超级兰吉利刀片,即全世界第一种涂层刀片。1946 年公司重新调整了产品组合,形成两大类产品,并由两个事业部分管:吉列产品组合,负责刮胡刀产品和男用品;多样化产品组合,负责其他所有产品。吉列产品组负责人吉格勒升任公司总经理后的 10 年是公司销售和产品发展最迅速的 10 年。在他领导下的前几年,公司连续推出盒式刮胡刀组、多笔尖圆珠笔、Hok-One 刮胡膏、可调盒式刮胡刀、超级不锈钢刀片、增塑刀片、微孔笔和几种止汗剂等,这些产品的市场投放都取得了成功。1971 年,公司重新调整了产品组合和管理机构。这样,公司在 20 世纪 70 年代初期开发和营销了多种新产品,1974 年以前公司一半以上的销售额来自近 5 年内的新产品。安全刮胡刀部在推出 Tracn 型刮胡刀系列之后,其产品迅速成为市场上的畅销品,继而又推出女性用 Daisy 削发刀及男性用 Good News 刮胡刀。保健用品部也营销了多种新产品,如柠檬洗发精、无碱洗发精等。1972 年进入个人用具市场,开发了 Max 手提式烘发机。

思考题:

1. 吉列公司技术创新的源泉是什么?
2. 你从吉列公司的技术创新中受到何种启发?

参考文献

［1］徐文杰. 管理学基础. 北京：清华大学出版社，2018.
［2］杨跃之. 管理学原理. 北京：人民邮电出版社，2016.
［3］姚玉珠，臧伟. 管理学. 上海：上海交通大学出版社，2017.
［4］霍晓艳，杜衍姝. 管理学基础. 北京：清华大学出版社，2018.
［5］兰炜，康银瑞，程青玥. 管理学基础. 北京：清华大学出版社，2015.
［6］李海峰，张莹. 管理学基础. 北京：人民邮电出版社，2015.
［7］杨跃之. 管理学原理. 2版. 北京：人民邮电出版社，2016.
［8］刘熙瑞，杨朝聚. 现代管理学. 北京：中国人民大学出版社，2018.
［9］杨赟. 管理学原理. 北京：北京理工大学出版社，2010.